CONFIGURATION DU SOL

DE L'EUROPE, DE L'ASIE ANTÉRIEURE

ET DE LA BERBERIE.

Lorsque nous considérons notre continent et les parties adjacentes de l'Asie et de l'Afrique, tels qu'ils se présenteraient à notre œil, vus d'un point élevé, et tels que nous avons essayé de les représenter sur le présent relief, nous trouvons pour effet d'ensemble une grande presqu'île diversement dentelée ou échancrée. A l'est, sa base large s'appuie sur l'Asie, au sud la mer Méditerranée la sépare de l'Afrique, tandis qu'au nord et à l'ouest l'océan Atlantique l'entoure de ses flots. Ces deux mers, se précipitant par de larges fentes dans l'intérieur du continent, en séparent de vastes étendues de terre pour en former des îles ou des presqu'îles.

L'intérieur du continent nous montre, tantôt un mélange de pays de montagnes plus ou moins grands, de crêtes allongées, de groupes de montagnes élevées, séparés par maintes crevasses et vallées, par des lacs et des plateaux; tantôt des plaines vastes, dont l'uniformité n'est interrompue çà et là que par quelques rangées de collines basses, qui s'élèvent à peine au-dessus du niveau de la mer. Cette configuration de la superficie se trouve surtout vers le nord-est, où elle occupe plus de la moitié de notre continent, et au sud du plateau de l'Atlas, d'où elle s'étend presque sans interruption jusqu'aux déserts de la Syrie.

Dans le cœur de l'Europe, au contraire, et dans toutes les ramifications qui s'étendent, en forme d'îles et de presqu'îles, soit dans l'Océan, soit dans la Méditerranée, le caractère prédominant est celui de pays de montagnes. On a cherché de tout temps à découvrir le fil pour se conduire dans le labyrinthe de cette foule de configurations différentes les unes des autres et qu'on ne retrouve plus nulle part si diversement modifiées et entrelacées. Pour arriver à un aperçu clair et facile à embrasser, on s'est aidé, tantôt de contours géométriques, tantôt de créations purement arbitraires de la fantaisie, mais sans avancer en rien notre science. De même qu'il n'y a que des études historiques approfondies qui puissent expliquer au présent le résultat total du passé, de même un coup d'œil rétrospectif sur la naissance et les diverses révolutions du globe peut seul nous guider sûrement dans nos observations.

C'est d'ailleurs la tâche de la géologie de suivre dans leurs détails tous les phénomènes de la géogénie. Quelque grandes que soient les découvertes qui restent à faire à cette science, cultivée depuis peu seulement avec un haut succès, elle a cependant fourni assez de données sur la plastique du terrain de l'Europe, pour nous mettre en état d'exécuter des reliefs représentant la forme naturelle du terrain, en nous aidant des autres sciences géographiques et de toutes les notions hypsométriques connues jusqu'à ce jour.

Pour se faire une idée exacte de la structure de l'Europe, il est indispensable de se transporter dans cette période de la formation de notre terre, où les détroits de Gibraltar et de Constantinople n'étaient encore que des langues de roc, unissant l'Europe à l'Afrique et à l'Asie, où les mers intérieures de notre continent avaient encore un niveau plus élevé et couvraient de leurs flots les bas pays de nos jours. Qu'on se figure une vaste mer tenant la place des basses plaines de la Laponie, de la Russie et de la Sibérie ; qu'on mette à la place du désert de Sahara un golfe profond, s'étendant jusqu'au plateau calcaire de la Lybie ; qu'on remplace tous ces terrains de transport (*diluvium*) qui ont comblé les crevasses des rochers et les entonnoirs des montagnes, par des lacs et des marais, ou par des baies s'étendant bien avant dans les terres, comme, par exemple, au Pô, au Rhin, à la Garonne, dans la Bohême, la Hongrie, la Valaquie, la Mésopotamie, et l'on aura le squelette pétreux, tel que dans sa forme primitive il est sorti du fond des eaux ; on verra les montagnes, nettement tracées, dans la direction de leurs couches, parallèles, convergentes ou croisées, dans leur soulèvement et leur inclinaison, avec leurs innombrables fentes transversales, leurs barrières de roches, leurs configurations en entonnoir ou en bassin.

La Haute-Allemagne, appuyée sur les Alpes et protégée contre les flots de la mer, d'un côté par les montagnes de la Bohême, de l'autre par celles du Bas-Rhin, formait alors avec la Haute-France, dont elle n'est séparée que par un étroit canal (la vallée du Rhône), le noyau d'une péninsule étendant trois longs bras vers le sud-est : l'Italie, la Thrace et le pays des Carpathes. Ces trois bras n'étaient joints à la masse principale que par des isthmes étroits et peu élevés. Les deux bras extérieurs se terminent en pentes rapides vers la Méditerranée et la mer Noire ; celui du milieu, au contraire, tenait autrefois à l'Asie-Mineure et formait le pont élevé par lequel les peuplades de l'Himalaïa se répandirent jusqu'aux rivages éloignés de la mer du Nord.

Toute cette presqu'île asiatico-européenne était entourée d'une masse d'eau allant de la mer Glaciale au lac Aral et à la mer Caspienne, de là à la mer Noire, et enfin, par les mers Baltique et d'Allemagne, à l'océan Atlantique.

L'Espagne, séparée de la France par un détroit peu profond, dans la direction du cours de la Garonne d'aujourd'hui, formait avec la Berberie un continent atlantico-ibérique ; la communication entre les deux mers par le détroit de Gibraltar n'était alors pas encore ouverte ;

La Bretagne formait une île, comme encore aujourd'hui ses sœurs, les Iles-Britanniques.

Au nord et à l'est, enfin, deux grandes îles s'étendaient vers le pôle : c'étaient la Scandinavie et l'Oural, tandis qu'au sud le Liban conduisait du nœud des montagnes de l'Arménie aux plateaux de l'Arabie et de l'Abyssinie, formant le passage ou le haut-pont asiatico-africain, comme plus haut nous avons vu le pont asiatico-européen.

Cette manière de voir, basée sur l'histoire de la formation de notre continent, coïncide exactement avec la propagation primitive des peuplades européennes. Cette circonstance présente un tel intérêt, que nous ne pouvons nous dispenser d'en parler plus longuement. Tous les peuples de race arienne ou sanscrite se meuvent sur le pont asiatico-européen, depuis l'Inde vers le nord-ouest jusqu'aux derniers massifs de cette direction de montagnes ; les Sémites prévalent du Liban en Arabie et jusqu'au désert de la Lybie, où ils rencontrent les tribus des Berbers ou des Ibères, qui à leur tour vont s'arrêter au détroit de Gascogne.

Lorsque les barrières se rompirent et que les eaux baissèrent, lorsque de nouveaux pays surgirent du fond des eaux, et que les ravins, comblés des débris des montagnes, devinrent plaines, de lacs qu'ils avaient été auparavant, la forme du terrain changea ; des îles et des presqu'îles vinrent se joindre à la terre ferme, d'anciennes communications furent rompues; l'est de l'Europe, tenant à l'Asie dans une grande étendue, ouvrit une route aux peuples ouraliens et mongoles, par où ils pénétrèrent en Europe, poussant ainsi à de nouvelles migrations ceux établis antérieurement.

Comme les idées sur la formation de la croûte terrestre, ayant servi de base à l'exécution de notre relief, s'écartent considérablement de celles reçues depuis longtemps pour la confection des cartes, nous croyons devoir invoquer, pour notre justification, le témoignage des savants dont nous avons suivi la marche, et aux ouvrages desquels nous avons emprunté ici quelques passages; par là nous nous mettrons à l'abri du reproche d'avoir émis des hypothèses hasardées et arbitraires. Nous parlons des ouvrages et des cartes de MM. de Humboldt, Zeune, Ritter, Ebel, Berghaus, Lilienstern, Grimm, Dechen, Bory Saint-Vincent, de Hoff, Élie de Beaumont, Prévost, Mendelsohn, de Rougemont.

FORMATION DE LA CROUTE TERRESTRE.

La surface de notre globe ne s'est pas formée, comme on l'a cru presque généralement, par la simple action de l'eau, mais elle est le résultat compliqué de nombreuses révolutions dont la géologie seule peut nous rendre un compte exact. Tout en évitant dans notre Exposition les questions encore pendantes, nous croyons pouvoir réunir les différentes opinions sur la formation de la terre émises par les savants les plus compétents, en tant qu'elles nous paraîtront indispensables à l'intelligence de la plastique du terrain.

Lorsque notre planète sortit du chaos des éléments, elle était une masse fondue et ardente, comme le sont les aérolithes qui naissent encore aujourd'hui dans l'air et qu'on trouve après leur chute ; cette masse, suivant la loi des corps liquides, prit la forme sphérique, se refroidit peu à peu à sa surface et s'entoura d'une croûte, où la terre, l'eau et les gaz vinrent se superposer en couches régulières d'après les lois de la pesanteur. Alors point de pays encore, ni de mers séparées, point de montagnes ni de vallées ; le noyau ardent était entouré d'une bourbe nébuleuse, sans fin, partout également répandue ; les habitants de cette bourbe, depuis les mollusques jusqu'aux lézards monstres furent les premiers êtres organiques de notre planète; on y voyait des dragons et d'autres reptiles dont on trouve encore, dans les diverses couches de la terre, de nombreux squelettes complets et souvent bien conservés (1).

La croûte terrestre, refroidie de plus en plus, se contracta ; de là, comme sur un champ brûlé par le soleil, des crevasses profondes descendant jusqu'au noyau encore en fusion ; les eaux de la surface se précipitèrent par ces ouvertures, se mêlèrent à la masse ignée, et par la chaleur se changèrent en gaz, qui, se dilatant avec une force immense, firent crever les parois et soulevèrent en diverses directions les couches terrestres qui s'étaient déposées horizontalement dans l'eau (comme par exemple, la grauwacke, l'argile schisteuse, le grès, la chaux et la craie); quelquefois même ils les bouleversèrent pêle-mêle et les entassèrent sans ordre.

La masse liquide sortit alors de l'intérieur, se gonflant en dômes comme les montagnes trachytiques, ou couvrant, comme aujourd'hui la lave des volcans, de vastes plaines (comme par exemple dans la Russie méridionale), ou bien encore, à demi figée déjà avant le soulèvement, formant des pentes rapides, comme dans les Alpes. C'est ainsi que se formèrent les montagnes primitives, cristallines et compactes du basalte, du mélaphyre, du granit, etc., qui passent d'une manière régulière à travers les formations mi-fondues et mi-stratifiées du gneiss, dans les couches supérieures de pure formation neptunienne.

Ces révolutions du globe, qui se répètent en petit devant nos yeux dans l'activité des volcans et des tremblements de terre, et qu'on peut démontrer dans leurs suites jusqu'à l'évidence, changèrent peu à peu dans le courant de milliers de siècles la configuration monotone de l'écorce terrestre. Les soulèvements du terrain furent suivis d'affaissements, les eaux s'y jetèrent et les grands bassins de mer se formèrent.

Les pays vinrent au jour de plus en plus et séchèrent ; les eaux de la mer qui ne s'étaient pas retirées, les précipités de l'atmosphère tombant en forme de pluie, allèrent former des lacs d'eau salée ou d'eau douce ; des tremblements de terre brisèrent les barrières, ou la pression des eaux rompit les digues, et les flots déchaînés se frayèrent un passage vers la mer, en suivant les crevasses et les gorges ou bien les vastes plaines qu'ils rencontraient, autant de déluges partiels qui changèrent encore diversement la surface du globe. Le reste fut achevé par le procédé de la décomposition s'attaquant aux roches et les réduisant en sable et en

(1) C'est de ces temps aussi que datent ces forêts étendues qui, couvertes postérieurement par les flots, ont été changées en houille, et sont ainsi devenues de nos jours ce levier puissant de l'industrie.

terre ; ces matières, réunies aux débris charriés du haut des montagnes, comblèrent peu à peu les profondeurs et remplacèrent les lacs par des plaines horizontales, par des prairies et des terres arables.

C'est ainsi que la terre reçut sa forme actuelle sous l'influence alternative du feu et de l'eau. Les vastes plaines, où les couches de terre sont encore presque horizontales et ne dépassent que de peu le niveau de la mer, sont les contrées les moins développées, et nous rappellent le vide monotone de la première formation ; les pays de montagnes, au contraire, sont les produits divers de révolutions terrestres souvent assez récentes.

La forme des montagnes et principalement l'escarpement des pentes se trouvent en rapport immédiat avec la direction des couches à l'intérieur. Partout la pente douce suit la pente générale des couches, et ce n'est que là où les couches sont redressées presque horizontalement que les deux côtés ont un escarpement à peu près également rapide.

La surface du globe est accidentée d'une manière très-diverse, selon le genre de soulèvement qu'elle a subi par les rochers agissant de bas en haut ; les configurations les plus fréquentes qui en sont le résultat peuvent se réduire aux suivantes :

Ou bien la pression d'en bas n'était pas assez forte pour rompre les couches supérieures : de là des dômes assez plats, dont la calotte se compose de masses stratifiées en pente douce des deux côtés ; la masse primitive ne paraît pas du tout ou seulement dans de profondes fentes transversales ou dans des vallées crevassées. C'est la configuration ordinaire des montagnes peu élevées.

Ou bien les couches supérieures ont été rompues, de sorte qu'il s'est formé un gouffre profond entre les deux tranches, et qui ne fut comblé que peu à peu par des terrains de transport et qui en formèrent des vallées à base plane et horizontale. La vallée du Rhin depuis Bâle jusqu'à Bingen paraît nous en donner l'exemple le plus frappant. La Forêt-Noire et les Vosges sortent à tranches escarpées de la vallée du Rhin, et descendent en pentes douces vers la Souabe et la Lorraine.

Ailleurs, ce gouffre fut de suite comblé par la masse primitive, qui souvent dépassa de beaucoup les tranches, de sorte que ces dernières vinrent s'adapter en forme de manteau à la masse de montagnes sortie de l'intérieur en lui présentant leur côté escarpé. C'est cette configuration que l'on trouve dans les systèmes de montagnes calcaires, qui suivent les Alpes au nord et au sud dans presque toute leur longueur.

Ailleurs encore, l'une des tranches s'enfonça à mesure et dans la même proportion que la correspondante s'éleva, d'où naquit la configuration dans laquelle, du milieu des mers, des lacs et des marais, on voit surgir isolées des parois de roc escarpées. Lorsque cette configuration se répète en chaînes parallèles, comme cela a lieu dans les bas-pays de l'Allemagne, au bord extérieur du pont de montagnes asiatico-européen dont nous avons parlé ci-dessus, la coupe verticale de ces pays en contracte un aspect serratiforme.

Il arrive aussi, dans ces lignes de soulèvement parallèles, que la plaine située au milieu s'enfonce également, pendant que les deux côtés extérieurs se brisent en se soulevant ; de là, les plateaux à pentes escarpées des deux côtés et à conque vers le milieu, comme par exemple le plateau d'Iran.

Mais ces configurations se trouvent rarement pures et sans mélange, puisque les lignes de leur soulèvement se croisent de façon trop diverses et sont interrompues dans leur suite par une foule de crevasses transversales.

Lorsque les forces, surgissant de l'intérieur, agissent dans des crevasses longues et étroites, il se forme des chaînes de montagnes dont la ligne de soulèvement est nettement dessinée, comme par exemple en Thuringe ; mais lorsqu'elles agissent sur de plus grandes surfaces, il se forme des plateaux comme en Auvergne ; lorsque plusieurs chaînes longitudinales se croisent, elles donnent naissance à des pays de montagnes diversement entrelacés, mais qui souvent prennent également la forme de plateaux, lorsque, par l'action du temps, les sommets sont décomposés et les profondeurs comblées, comme par exemple dans la Haute-Arménie.

Les crevasses qui, lors de la rupture de la croûte terrestre, tracèrent aux montagnes leurs lignes de soulèvement, parcourent la surface du globe dans toutes les directions, sans paraître suivre aucune loi précise.

En Amérique, c'est la direction du sud au nord qui prévaut, et c'est la raison de la forme allongée de ce continent, qui s'étend d'un pôle à l'autre. Dans l'Afrique méridionale, nous trouvons la même direction ; dans d'autres parties, au contraire, la direction opposée, celle d'occident en orient, a le dessus, et cette circonstance nous explique les contours larges du plateau central de l'Asie, de l'Afrique septentrionale. Les deux autres directions, du sud-est au nord-ouest, et du sud-ouest au nord-est, servent ordinairement à joindre les deux premières.

En Europe, ces quatre directions fondamentales apparaissent bien tranchées, et produisent, soit seules, soit en se combinant par trois ou quatre, les configurations de terrain les plus variées.

L'Europe, fille de l'Asie, suit dans le soulèvement de ses masses la direction prépondérante de cette dernière, celle de l'ouest à l'est, dans les Alpes, depuis le Mont-Blanc jusqu'aux plaines de la Hongrie, dans les montagnes de la Castille, dans le Balcan, et dans la digue méridionale de la Russie. La partie des Alpes, qui prend naissance à la Méditerranée et finit au Mont-Blanc, vient s'y joindre en angle droit dans la direction du sud-est au nord-ouest ; de même que le soulèvement opposé les Cévennes. La double chaîne du Haut-Rhin (les Vosges et la Forêt-Noire), et après une longue interruption, le Langfeld et la chaîne suédoise qui, à l'est de ce dernier plateau, s'étend jusqu'aux monts Loffoden, suivent la direction du sud au nord. L'Oural et le Liban, avec leurs opposés, les hauteurs de la Bulgarie et le plateau du désert de Syrie, sur la frontière des peuples indo-européens, suivent la même direction principale.

Tandis que ces deux directions fondamentales, mais surtout la première (de l'ouest à l'est), forment le noyau de notre continent, la troisième l'unit immédiatement à la Haute-Asie ; car les chaînes principales de l'Iran, le Parapomèse, les monts Zagréens, le Caucase et plusieurs chaînons de l'Asie-Mineure, puis les monts grecs albano-dalmatiques, les Krapacks dont les avant-monts s'étendent bien avant dans la Russie, et enfin les montagnes de la Bohême et de la Thuringe, qui s'avancent jusqu'au Harz, aux montagnes du Wéser et à la forêt de Teutobourg, se dirigent toutes du sud-est au nord-ouest. Dans une direction parallèle à ces masses gigantesques, nous voyons ensuite les Apennins et les Pyrénées, qui, se répétant dans les montagnes basques et les monts d'Asturie jusqu'en Galice, où elles viennent se joindre perpendiculairement à la quatrième ligne de soulèvement, donnent naissance à un puissant nœud de montagnes. Cette dernière direction (du sud-ouest au nord-est), s'étend en plusieurs chaînes parallèles, et avec mainte interruption, depuis les hauteurs de l'Atlas dans le Maroc, jusqu'aux monts Loffoden et au cap Nord, et protège l'Europe contre les flots orageux de l'océan Atlantique.

Sous l'influence de cette haute digue se trouvent les montagnes du Portugal, puis la formation bas-rhin-britannique avec la Bretagne, et enfin le Doorefield, qui, avec les monts Loffoden et les deux directions sud-nord, déjà indiquées, déterminent la forme du haut pays scandinave, comme aussi du plateau granitique suédico-finique et de la digue baltique. Finalement, cette direction prédomine dans toutes les barrières de montagnes transversales du haut-pont asiatico-européen, comme par exemple dans l'Erzgebirg, dans les petits Krapacks.

Il est de la plus haute importance, pour la connaissance de la formation de la terre, d'avoir bien égard aux lignes de soulèvement ; car par là seul on peut parvenir à expliquer la forme extérieure et la configuration intérieure d'un pays. Tant que les massifs de montagnes ne vont que dans une seule direction, le pays en reçoit la forme d'une île ou d'une presqu'île allongée, comme par exemple les îles de Crête, d'Eubée, et toute l'Italie, du moins dans sa masse principale. Si les lignes de soulèvement forment plusieurs systèmes parallèles, comme cela arrive presque toujours, il y aura entre eux des lacs, des golfes ou des bas-pays allongés ; si au contraire deux lignes de soulèvement viennent à se rencontrer, les contours du pays suivent tantôt l'une, tantôt l'autre ligne, comme dans la Scandinavie ; si ce sont trois ou quatre lignes qui se rencontrent, comme en Espagne, en Allemagne, dans l'Asie antérieure, les pays en contractent plus ou moins la forme de triangles ou de quadrilatères, dont l'espace intérieur est comblé de terrains de transport et d'alluvion, par exemple les plaines de la Castille, de la Haute-Allemagne, de la Natolie et de l'Iran. Toute l'Europe même, en y comprenant la Berberie et les bas-pays sarmates, affecte la forme triangulaire par suite des systèmes principaux qui viennent se rencontrer dans l'Arménie, au Maroc et au Cap-Nord.

Il est souvent extrêmement difficile de démontrer géographiquement dans sa formation le squelette de roches d'un pays, car presque tous les systèmes de montagnes sont déchirés de crevasses transversales, de chaînons qui les dérangent dans leur direction ; souvent ils sont interrompus et séparés de leur continuation par des mers ou de vastes plaines, ou bien l'interruption résulte de ce que des terrains d'alluvion sont venus en couvrir les crêtes basses. Cette difficulté est d'autant plus grande, qu'il y a peu de temps seulement que notre science commence à se baser sur de bonnes cartes géologiques, qui jusqu'ici avait toujours manqué (1).

Les diverses montagnes d'un système homogène, prises isolément, conservent la même particularité caractéristique qui distingue le système lui-même, notamment en ce qui concerne la stratification, le soulèvement et l'escarpement des bords. Mais si les couches sont composées de roches de différents âges, comme par exemple au Harz, où la grauwacke repose sur le quartz, les affaissements des vallées et les fractures suivent tantôt l'une, tantôt l'autre direction fondamentale; ainsi, dans notre exemple, tantôt la direction nord-est de la grauwacke, tantôt celle nord-ouest du soulèvement postérieur.

Hors de là, il paraît qu'on peut poser en grand la règle, que tous les systèmes de montagnes s'élèvent d'une façon plus ou moins escarpée à leur partie méridionale pour s'aplatir vers le nord; lorsque la direction se trouve plus de l'ouest à l'est, les points les plus élevés sont entassés vers l'ouest.

L'escarpement des couches se dirige également vers les mêmes points cardinaux, à l'exception cependant des sections de terrains modifiés par leur manière de naître, comme par exemple les soulèvements opposés, les chaînons stratifiés en forme de manteau, qui, étant des formations subordonnées, suivent nécessairement la masse principale.

On veut trouver la cause de cette régularité dans de grands flots de mer, dont l'action, suivant la direction de l'océan Atlantique, doit avoir été du sud-ouest au nord-est, et qui auraient creusé les digues de rochers du côté où les vagues venaient se briser, et auraient charrié des terrains sur les côtés opposés.

La *forme des sommets des montagnes* dépend, de préférence, de la nature des roches dont ils sont formés, et de la hauteur à laquelle ils montent. Les roches, qui se décomposent facilement comme l'argile schisteuse, les grès, le mica schiste, produisent, dans les sommets, une forme arrondie à pentes douces; les roches plus dures, comme le granit, le porphyre, la serpentine, présentant une résistance plus vigoureuse à l'influence d'éléments destructeurs, ont les sommets escarpés, crénelés, à saillies hardies et nettement tracées.

La même roche peut, à des élévations différentes, avoir un air tout différent : plus elle monte et plus ses formes seront déchiquetées, plus ses sommets seront escarpés et pointus; ceci provient de la position presque verticale des couches dans les hautes montagnes, par laquelle les têtes des couches deviennent les cimes des montagnes. La décomposition peut agir plus facilement sur ces couches redressées; les parties détachées descendent en décombres le long des pentes escarpées, de manière que les couches restantes s'élèvent à nu dans les airs. Les montagnes basses, au contraire, sont aisément couvertes par les produits de la décomposition, et leurs formes en deviennent arrondies et à pentes uniformes.

(1) Dans le texte qui accompagne notre relief géologique, nous parlerons du temps où les différents dépôts se sont formés, où les montagnes se sont soulevées; nous montrerons l'ordre dans lequel les couches se suivent, et la déviation de quelques parties de la direction générale, du soulèvement de la masse principale.

Le trachyte vitré et feldspathique forme des cloches escarpées de figure régulière, ou des dômes à hautes voûtes, des coupoles gonflées de gaz.

Les montagnes volcaniques s'élèvent isolées, le plus souvent dans des plaines horizontales, en forme de cônes tronqués, sans crêtes, sans groupement, sans enchaînement, comme dans l'Auvergne, dans le Hegau (lac de Constance), dans les montagnes volcaniques de la Bohême, etc.

Les cimes qui s'élèvent presque isolées du reste de la masse de montagnes, comme le Mont-Blanc, le Mont-Perdu, le Maudit, ont été soulevées par une pression plus forte et ont ainsi été séparées violemment de la masse totale.

Aux endroits où deux lignes de soulèvement viennent se croiser, on trouve en général des hauteurs distinguées, le point de rencontre des deux lignes ayant été soumis à une double pression.

La direction des *lits de rivières*, en général, n'est soumise ni à une loi qui découle de la situation des points cardinaux, comme le croyait Buffon, ni à la simple action des eaux ; quoique dans quelques cas particuliers il puisse bien en résulter une influence sur la forme et la direction du lit. Mais c'est la *direction des vallées* qui détermine le cours de l'eau, et ces vallées sont, généralement et en grand, les résultats de la direction des couches et des crevasses transversales qui se sont formées lors de la naissance des montagnes. La bifurcation des rivières qui se trouve dans quelques contrées en fournit la preuve la plus évidente. C'est ainsi que l'Orénoco, dans l'Amérique méridionale, se partage en deux bras, dont l'un, fort et puissant, va porter une grande partie de ses eaux à la rivière des Amazones. Nous voyons le même phénomène se reproduire dans les fleuves principaux de l'Inde postérieure. Le Tornéo, qui, dans le pays plat de la Laponie, s'unit à la Kalix par l'entremise de la Tarando, établit une communication non interrompue entre le golfe de Bothnie et la mer Glaciale. Dans les vallées longitudinales dont la base, renfermée entre deux chaînes parallèles, est ordinairement presque horizontale, il peut très-bien se trouver le cas que les eaux amassées au milieu, dans une étendue marécageuse, découlent des deux côtés. De cette manière, par exemple, l'Ems et le Wéser sont en communication par la vallée longitudinale qui sépare la forêt de Teutobourg et les monts du Wéser ; la Haase, appartenant au bassin de l'Ems, déverse, par l'Else, une partie de ses eaux dans la Werra de Westphalie, et, par cette dernière, dans le Wéser. L'Arno, à sa sortie des hauts Apennins, se partageait autrefois en deux bras, sur le haut-pays, près du lac Montepulciano ; le bras droit, sous le nom d'Arno, continua sa marche vers la mer, à travers la vallée de la Toscane ; le bras gauche, au contraire, prenant le nom de Chiana, alla se jeter dans le Tibre. Mais, pendant le moyen âge, l'Arno creusa son lit plus profondément, de manière qu'aujourd'hui le cours d'eau de la Chiana se sépare et se jette par moitié dans l'Arno et par moitié dans le Tibre : ce n'est donc plus l'Arno, mais la Chiana qui se bifurque.

CONFIGURATION DES VALLÉES.

Les vallées et les rides valléiformes dans les plaines peuvent se réduire à deux formes principales : les *vallées longitudinales* et les *vallées transversales.*

Les vallées longitudinales suivent la direction du système de montagnes dont elles font partie, et sont fréquemment renfermées des deux côtés dans de hautes parois, dont la composition géologique montre assez souvent, du côté intérieur, les masses pyrogènes et, de l'autre, les couches brisées de stratifications neptuniennes.

Les deux parois parallèles sont ordinairement réunies en différents endroits par des barres transversales, par des décombres écroulés, ou par une chaîne transversale de montagnes étrangère au système ; de manière que, pour suivre la direction principale des montagnes, la route est barrée aux eaux, qui, se gonflant, finissent par devenir des lacs (des lacs longitudinaux), jusqu'à ce que, à une plus ou moins forte élévation, elles trouvent une crevasse transversale qui leur permet de s'échapper à travers les rochers. Le niveau de la vallée ou du fond du lac se rehausse peu à peu par le détritus et le limon, l'action de l'eau ronge la crevasse transversale, qui s'agrandit de plus en plus, enfin le lac s'écoule, et il reste à la place les prairies et les terres marécageuses ou fertiles, par lesquelles se distinguent les grandes vallées alpestres du Rhône, de l'Inn, de la Salzach. Dans d'autres contrées, par exemple dans les Pyrénées, les barres transversales sont si nombreuses, que les vallées longitudinales en contractent la forme de petits bassins ou de pots (*oules*), et que les eaux, du moins du côté septentrional, sont obligées de descendre, de terrasse en terrasse, par des ravins étroitement creusés. Le caractère distinctif des vallées des Pyrénées est donc la forme transversale.

On appelle vallées transversales les crevasses ou fentes par lesquelles tous les massifs de montagnes sont coupés, et qui, tombant transversalement sur les directions longitudinales, les séparent souvent jusqu'au fond, agissant depuis des milliers d'années.

Quoique la force des eaux ait été très-active dans l'excavation de ces vallées, et que mainte barre ait été rompue évidemment et uniquement par la pression de l'eau, puisque souvent il en reste encore des vestiges en formes d'arceau (pierre pertuis), au-dessus de la porte d'écoulement de l'ancien lac, toujours est-il que, dans le plus grand nombre de cas, les vallées transversales proviennent de crevasses qui s'étaient formées de suite lors du soulèvement des montagnes par le refroidissement et la contraction des matières fondues, ou bien par des soulèvements postérieurs de montagnes allant dans une autre direction, ou par des tremblements de terre, etc.

Dans les Alpes, la première chaîne du côté septentrional s'élève brusquement à 6,000 et 8,000 pieds, et cependant les lits des rivières qui en sortent ne sont ordinairement qu'à 1,200 et rarement, dans la Suisse même jamais, à 1,500 pieds au-dessus du niveau de la mer. Du côté méridional cela paraît encore bien plus. Ces excavations ne peuvent guère être produites par la simple action de l'eau.

De même que dans les vastes vallées longitudinales il se forme par les eaux, entre les parois escarpées des montagnes, de larges prairies ou des plaines labourables, de même dans toutes les grandes vallées transversales, qui s'ouvrent immédiatement à la pente des crêtes principales, nous voyons des fonds plats, s'élevant les uns sur les autres, peu inclinés, mais d'une manière uniforme, où les eaux de la montagne coulent plus tranquillement, et où les parois des rochers s'écartent pour faire place à une plaine habitable que la rivière a charriée sur leur sol. De cette manière nous voyons alterner un écoulement uniforme au travers de plaines fertiles et une chute terrible et irrégulière à travers les crevasses, et par-dessus les barres de rochers, d'où naissent ces fréquentes cascades dans les hautes montagnes.

Les vallées ou crevasses taillées transversalement dans toute la masse des montagnes lient les vallées longitudinales, et désignent le soulèvement moyen du système; elles sont, en règle, plus étroites et plus accidentées que les défilés des barres transversales qui lient une vallée longitudinale à une autre située dans la même direction.

Les grands lacs alpestres, qui sont tous situés à l'issue de grandes vallées transversales, ne sont que les degrés inférieurs de la suite des lacs qui descendent en terrasses assez régulières de la hauteur des crêtes jusque dans les terrains de transport et d'alluvion; c'est pourquoi les parties les plus basses en sont de préférence au commencement, en dedans encore des parois des montagnes, tandis que vers la fin leur lit diminue de profondeur, et passe dans le terrain d'alluvion. La même chose peut se démontrer en grand à la mer Caspienne et à la mer Noire.

COURS MOYEN DES FLEUVES.

Ce qui dans les hautes montagnes se trouve comme caractère distinctif de la formation longitudinale et transversale, se répète en contours moins marqués dans les avant-monts des systèmes de montagnes, et s'étend, quoique légèrement indiqué, jusqu'aux bas-pays les plus éloignés.

Les lignes de soulèvement et l'alternation des formations qui bordent les lits des fleuves, ont de même l'influence la plus essentielle sur la configuration des vallées et la chute des rivières.

La chute des eaux est le plus rapide lorsque la direction de leur cours coupe transversalement quelque formation et se rapproche le plus de l'angle droit, eu égard à la direction de toute la chaîne de montagnes; la chute est moindre partout où les rivières suivent la direction longitudinale.

De même que dans les hautes montagnes un bassin va se vidant dans un autre, ou cherche une issue dans la plaine en cascades ou par les gorges des montagnes, de même les grands bassins de pays s'embouchent l'un dans l'autre par des rétrécissements du lit des rivières. C'est ainsi que le lit du Danube se compose d'une suite de lacs qui se sont peu à peu vidés l'un dans l'autre par des fentes de terrain. Nous en reconnaissons les stations principales (de la contraction des bords des vallées) près de Passau, de Neubourg en amont de Vienne, près de Presbourg, d'Ofen et d'Orschowa. De même la partie septentrionale fut un lac avant que l'Elbe n'eût trouvé une issue à travers l'Erzgebirg ; de même encore la vallée de Dresde fut sans eau avant que le rempart de montagnes près de Meissen ne fût brisé ; de même la plaine de Montbrisson dans le Forez. Le Rhône, après sa sortie du Valais, s'ouvre un passage à travers le Jura, en aval de Genève, et par les montagnes méridionales de la France en aval de Lyon. Le Wéser s'ouvre le passage de la porte de Westphalie, ce qui fit vider le bassin de Ravensberg ; la Saale et l'Unstrutt, là où près de la Sachsenburg elles sortent du bassin de la Thuringe pour entrer dans la plaine wendo-saxonne ; le Flaemming est brisé par la Sprée et la Neiss de la Lusace, et ainsi de suite.

Il n'y a peut-être pas de rivière de quelque importance qui ne soit obligée de se frayer quelque part un passage au travers de barres transversales et dans le cours de laquelle on ne puisse démontrer des bassins de lacs desséchés. Ce phénomène n'apparaît nulle part plus souvent et d'une manière plus saillante qu'au Rhin. Déjà à l'endroit où il quitte les Alpes, il les traverse par la fente la plus étroite et la plus profonde qu'on y trouve, c'est-à-dire la vallée de Schams depuis le Splügen et sa continuation jusqu'au Haut-Embs ; il passe ensuite à travers la vaste vallée entre les Alpes et le Jura, et va s'étendre dans le lac de Constance ; puis il coupe de nouveau la muraille opposée du Jura, et les cataractes de Schaffhausen et de Laufenbourg désignent les fractures de cette chaîne ; à Bâle enfin, il est sorti de ce rempart, et il poursuit son cours au travers d'une large vallée entre deux dos de montagnes parallèles, la Forêt-Noire et l'Odenwald d'un côté et les Vosges de l'autre. Mais soudain une puissante barre vient fermer cette vaste vallée près de Bingen en aval de Mayence ; les montagnes schisteuses du Bas-Rhin avec le Taunus et le Hundsrück posent presque perpendiculairement sur la direction de son cours, comme un rempart escarpé de près de 2,000 pieds de haut. Mais cet obstacle encore ne vient pas changer la direction primitive de son cours ; le puissant fleuve entre d'abord près de Bingen dans un étroit défilé de roches, et ayant élargi la fente, les montagnes, déchirées jusqu'à leur base, vont l'accompagnant des deux côtés pendant près de douze milles d'Allemagne, jusque dans les environs de Bonn ; ici les pentes s'aplatissent ou les montagnes se retirent, et le fleuve sort librement dans la plaine, qui plus loin n'est probablement formée que des débris que son courant a charriés du haut des montagnes.

· Nulle part dans nos environs nous ne trouvons une distribution des lignes du partage des eaux et ces accidents du terrain, qui soit plus contraire à ce que l'on enseignait autrefois ; non-seulement le fleuve principal coule au travers de montagnes entassées transversalement, mais même quelques-uns de ses nombreux affluents ne s'inquiètent d'aucun rempart de montagnes, mais les sillonnent au contraire, comme le Neckar dans l'Odenwald, la Moselle et la Lahn dans les montagnes schisteuses du Rhin.

NAISSANCE ET FORMATION DES BAS-PAYS.

TERRAINS DE TRANSPORT.

Les étendues de pays les plus fertiles de la terre, nommément la vallée du Rhin, de Bâle à Bingen, la plaine du Pô, l'Andalousie, l'Aragon, la Hongrie, la Vallaquie, la moyenne Égypte, la Mésopotamie et une foule de bas-pays moins considérables, sont des gorges comblées de détritus, d'où l'eau s'est retirée à mesure que le fond se rehaussa des masses de pierre descendues des montagnes voisines, ou qu'elle fut obligée à se retirer par les atterrissements ou les formations de dunes et de deltas.

Des ruisseaux et des rivières, qui originairement se jetaient isolés à la mer, formèrent le long de leurs embouchures des plaines horizontales, qui s'unirent peu à peu et formèrent de vastes pays plats sur lesquels les fleuves allèrent couler parallèlement comme des jumeaux, diversement unis entre eux par des bras latéraux, et travaillant en commun à l'agrandissement du terrain. C'est ainsi que se réunissent dans leurs bas-pays le Rhin, la Meuse et l'Escaut, le Pô et l'Adige, le Tigre et l'Euphrate. La même chose est arrivée à l'égard des lacs dont nous avons parlé ci-dessus : le bassin du Rhin entre la Forêt-Noire et les Vosges, celui de la Theis, du Danube, de la Drave et de la Save (ou la Hongrie), furent comblés peu à peu de galets, et en grande partie changés en terre labourable. Les lacs Balaton et Neusiedel témoignent encore de l'état antérieur. Le lac de Genève s'étendait autrefois jusqu'au Fort de l'Ecluse, c'est-à-dire jusqu'au point où le Rhône coupe le Jura, le lac de Neuchâtel couvrait toute la partie du pays de Berne qu'on appelle le Séeland (région du lac) et l'Uechtland fribourgeois le long du pied du Jura. Outre le transport amené par les rivières, et qui se dépose aux endroits plus calmes, il y a une autre cause qui contribue beaucoup à la disparition des lacs, c'est l'action de l'évaporation. C'est surtout à la mer Caspienne qu'elle est d'une haute importance.

FORMATION ET CONFIGURATION DES ATTERRISSEMENTS
(DELTAS).

Les deltas sont les produits des eaux découlant de contrées plus élevées, et se forment là où la puissance de l'eau a déjà considérablement diminué, et n'est plus en état de rouler de grands débris de rochers.

A l'endroit où les fleuves tombent dans la mer, le cours eu devient ordinairement plus calme, et les terres charriées jusque là se déposent et forment des îles, qui barrent le passage au fleuve et le forcent de les tourner pour arriver à la mer. De là une séparation en deux bras, en forme de delta ; ces bras ne restent pas longtemps sans être barrés et sans se diviser à leur tour, de manière que le rayon de l'embouchure du fleuve se trouve reculé de plus en plus. Lors des grandes eaux, ces îles sont recouvertes par les flots qui, en se retirant, y laissent un limon qui remplit ces canaux, rehausse le niveau de toute la plaine de l'embouchure ; l'eau, forcée à un cours plus rapide par les bords rehaussés et par le lit rétréci, va continuer plus loin sa formation de delta.

C'est ainsi que s'est formée la Hollande, le delta le plus important de l'Europe, plaine horizontale, coupée dans toutes les directions par des bras du Rhin et des canaux. Il en est de même des deltas du Nil, du Rhône, du Danube, etc.

Dans d'autres fleuves, au contraire, comme par exemple à l'embouchure de l'Elbe, de la Gironde, de la Tamise et du Tage, les flots de la mer, qui y pénètrent avec violence, enlèvent les matières amenées, et, au lieu d'un atterrissement, il naît une baie, un delta négatif.

FORMATION DES TUNDRAS.

Dans l'extrême nord, aux embouchures de la Petchora, de l'Obi et du Jénissei, sous l'influence du froid qui change les rivières, les lacs, les marais et les pays en une plaine dure et gelée, il se forme ensuite des inondations énormes qui naissent annuellement lors du dégel de ces fleuves, des couches de glace et de terrain de transport entassées les unes sur les autres, qui s'étendent toujours davantage dans la mer Glaciale, sans en dépasser de beaucoup le niveau. Les tundras se couvrent d'une couche de mousse, maigre aliment des rennes que les Samoïèdes conduisent paître sur ces plaines désertes.

PAYS MARÉCAGEUX.

Une formation analogue aux tundras sont les pays marécageux, par exemple dans l'Allemagne septentrionale ; ils sont plus hauts que le terrain sablonneux qui les entoure, et du milieu s'élèvent, en forme d'île ou de table, des plateaux isolés de bruyère. Les marais se forment dans les eaux stagnantes par les plantes palustres qui meurent, et, mêlées au sable, forment une couche de terrain sur lequel naissent d'autres plantes, pour succomber au même destin. C'est ainsi que la couche s'élève au-dessus de l'eau, qui est absorbée à la longue, et il en naît le terrain mou, spongieux, qui, lorsqu'il est desséché, forme la tourbe et sert au chauffage.

Cette formation marécageuse (*moor*) a lieu dans toute l'excavation du bas-pays depuis les marais du Pripet (affluent du Dnieper) jusqu'à la Frise, où elle devient importante comme séparation de pays entre les plateaux de sable de la Basse-Saxe et les pays de la Marche frisonne.

PAYS DE MARSCH.

Le long des côtes de la mer, et par l'action des vagues, il se forme des amas de sable, nommés *dunes,* qui, selon que le flux y agit avec violence, contractent la forme d'îles, comme le long des côtes de la mer du Nord, ou s'amassent le long de la terre ferme en bandes étroites (*nehrung*), comme dans la mer Baltique. La formation en est accélérée, aux embouchures des fleuves, par les matières entassées par eux du côté intérieur des dunes. Entre la terre ferme et les dunes, il reste des étendues plates, qui, submergées pendant les hautes eaux, se couvrent d'un limon, qui, entouré de digues et desséché, fournit le terrain fertile qu'on appelle en allemand, *marsch*. C'est de cette manière que se formèrent tous les pays frisons, depuis le Sleswick jusqu'à l'Escaut.

DÉSERTS.

Les déserts sablonneux de l'Afrique, de l'Arabie, de la Perse, de la Syrie, de la Mongolie et du Turan, ont, plus ou moins, tous une base de rocher, dont les stratifications presque horizontales rappellent l'état primitif de la croûte terrestre, non encore fendue par les soulèvements de montagnes, ni altérée dans ses proportions de gisement. Cependant là aussi il y a des interruptions, des crevasses et des gorges sans eau, des affaissements ou des oasis, des séries d'écueils, des chaînes de coteaux qui interrompent la mer de sable et les plaines de rochers.

Les vastes terres d'alluvion de l'Europe orientale portent un autre caractère. Elles sont un ancien fond de mer, ou du moins leurs couches sont le produit de grands flots qui, sous l'influence de leurs courants, les ont déposées en collines plates ondulées. Car toute la surface des bas-pays de l'orient de l'Europe se compose de masses de terres amassées par les eaux, de sable mouvant, entremêlés de terrains argileux ou marécageux, recouverts de terrains de transport et de blocs ératiques qui, détachés des pentes orientales des Alpes scandinaves, ont été transportés jusqu'ici par l'action de l'eau, entourés de glaçons, et déposés, soit isolément, soit en galets. Les angles aigus des blocs de granit disséminés partout ici, et à moitié ensevelis sous des terrains d'alluvion, prouvent qu'ils n'ont pas été roulés, mais apportés (comme cela arrive encore dans les glaçons du pôle) au temps où tout le bas-pays, depuis le Caucase et l'Oural jusqu'aux Alpes scandinaves, en suivant les Carpathes et les montagnes allemandes, était encore couvert des eaux de l'Océan. Par des soulèvements graduels le pays sortit peu à peu des flots, phénomène qui s'observe encore indubitablement de nos jours sur les côtes de la Suède, pendant que le Groenland s'affaisse davantage de jour en jour.

LES PAYS DE L'EUROPE,

DE L'ASIE ANTÉRIEURE ET DE LA BERBERIE EN PARTICULIER.

Jusqu'ici nous avons essayé de tracer en contours généraux l'histoire de la formation de la croûte terrestre, et de rendre attentif aux différences caractéristiques de toutes les formes importantes. Tâchons maintenant de démontrer, dans un aperçu rapide, comment de la réunion de ces différents terrains sont sortis tous les pays qui se trouvent comme unités géoplastiques, historiques et ethnologiques dans l'Europe, et comment, par leurs contours extérieurs ou par leurs particularités intérieures, ils ont une importance individuelle dans l'organisme des pays ou Etats européens.

Tous les pays se composent de parties essentielles qui correspondent en politique à l'idée de province, en ethnologie à celle de tribu, et en plastique de terrain à celle de bassin.

Les limites de ces trois parties constituantes d'un pays s'étendent toujours le long des contrées les plus inhabitables, ou, pour employer un terme emprunté à nos voisins, les plus inconfortables, c'est-à-dire le long des hautes montagnes qui, cependant, dans les pays de plaines, sont remplacées par les marais, les bruyères et les déserts.

Souvent, d'ailleurs, ces contrées-frontières occupent de grandes étendues; mais une culture maigre, une population clair-semée en sont toujours le signe caractéristique. Au fond des pays de bassins au contraire, le long des lacs, des rivières, des mers, sur les pentes de montagnes exposées au soleil, la terre est plus fertile, l'air plus doux ; dès les temps les plus reculés, les habitants s'y sont réunis en hameaux, en villages, en villes, dont la force des armes seule a pu les faire sortir, contraints alors, pour sauver leur vie et leur indépendance, à se retirer dans les gorges inaccessibles de hautes montagnes escarpées ou derrière des marais sans fond, sur des bruyères incultes et dans des déserts sablonneux.

Or, par là, tous les pays furent peu à peu habités ; la pression de la population, agissant du centre des bassins sur les colons extérieurs, les refoula toujours davantage vers les frontières naturelles, jusqu'à ce qu'ils vinrent heurter la tribu voisine. Alors les populations se mêlèrent, et il se forma des peuples par la jonction des tribus (comme les pays s'étaient formés par la jonction des terrains), peuples toujours distincts en dedans, mais au dehors formant un tout. C'est d'eux que les pays reçurent leur nom, comme les bassins, les hauts et bas-pays, les pays de montagnes et de marais, prirent celui des tribus. Nous allons les passer succinctement en revue.

LA PÉNINSULE IBÉRIQUE.

Elle se compose de deux parties qu'il ne faut pas confondre, savoir : le plateau castillan et le pays de montagnes des Pyrénées.

Le noyau du plateau castillan est formé par plusieurs chaînes de montagnes parallèles, allant d'ouest en est, et laissant entre elles de vastes plaines limitées à l'ouest par les hauteurs lusitaniques qui y tombent obliquement, et à l'est par d'autres lignes parallèles aux Pyrénées.

Ce plateau s'affaisse en quatre directions : vers le golfe de Gascogne en Asturie, vers l'océan Atlantique dans le Portugal, vers la Méditerranée dans l'Andalousie et la Valence, et vers le moyen-pays de l'Ebre dans l'Aragon. Il tient aux Pyrénées par deux ponts de roche, c'est-à-dire par les monts Cantabres en Biscaye et par les monts Catalans le long de la Méditerranée ; ces derniers sont brisés en deux, et l'Ebre sort par la fente transversale qui les coupe.

Les Pyrénées se dirigent du sud-ouest au nord-est en plusieurs lignes, qui, parallèles entre elles, s'étendent jusque dans la Galice, où elles se croisent avec les monts lusitaniques et forment un pays élevé de montagnes, avec de profondes vallées encaissées dont le Minho sort par d'étroites fentes.

La Sierra d'Oca et la Sierra de Moncayo séparent le pays de montagnes de la Biscaye des plateaux déserts de la Vieille-Castille, et forment depuis deux mille ans le boulevard des Ibères ou des Basques contre les attaques des Romains, des Visigoths, des Arabes, et des Castillans dans les temps modernes.

Plus au sud, les monts de Molina, d'Albaracin et de Cuenca viennent s'y joindre et s'étendent jusqu'à la Méditerranée. C'est dans ces montagnes ou dans les Parameras, ou plateaux de la Castille qui les avoisinent, que tous les grands fleuves de l'Espagne ont leur source. L'Ebre, le Pisverga, le Duero, le Tage, le Guadalaviar, le Cabriel, le Jucar, même la Guadiana et le Guadalquivir. Ces différentes chaînes de montagnes portent en Allemagne le nom générique de bord de montagnes oriental de la Castille (*Ost Castilisches Randgebirge.*)

Le plateau de la Castille se divise en deux parties, qui sont séparées par une longue et étroite zône de montagnes. Ce sont : 1° la *Vieille-Castille*, le plateau le plus élevé de l'Europe, d'une hauteur moyenne de 2,600 pieds au-dessus du niveau de la mer, et dont le bord septentrional s'élève jusqu'à 5,000 pieds. Ses eaux tombent dans le Duero et se font jour vers la mer à travers le bord occidental ;

2° La *Nouvelle-Castille*, d'une hauteur de 2,000 pieds : c'est une plaine dépourvue de forêts, dans le nord de laquelle s'élève la cloison escarpée de la Soma Sierra, mais s'abaissant en pente moins rapide vers l'aride plaine calcaire de la Vieille-Castille.

La Sierra Toleda, de peu d'élévation, divise la Nouvelle-Castille en deux parties, celle arrosée par le Tage, et la Mancha, où la Guadiana sort d'un marais. La Mancha aussi est une plaine aride brûlée par le soleil.

Dans la Sierra Moréna, le haut-pays s'abaisse rapidement vers l'Andalousie ; cette dernière contrée est si basse dans sa partie occidentale qu'autrefois, lors de la haute marée, des bâtiments de mer remontaient le Guadalquivir jusqu'à Séville.

Sur le bord méridional de l'Andalousie s'élèvent, en trois chaînes parallèles : la Sierra Nevada, les Alpujarras et la Sierra de Lujar : leurs sommets parviennent à une hauteur que n'atteignent pas les sommets des Pyrénées ; mais à l'ouest, les plateaux s'abaissent vers les frontières du Portugal, et sont entourés d'une ceinture de montagnes, à travers laquelle les rivières s'ouvrent une route écumante. Parmi les montagnes de la Galice, la Sierra de Gerez est couverte de neige la plus grande partie de l'année. Au sud la Sierra d'Estrella s'élève à l'embouchure du Tage comme un haut pilier de basalte, et se dirige, en s'aplatissant, vers Coïmbre, doucement inclinée du côté du Tage. Encore plus au sud, une troisième chaîne s'adosse à la Sierra Morena, et une quatrième commence en muraille au cap Saint-Vincent, se dirige vers l'est et finit brusquement à l'embouchure de la Guadiana.

Dans les baies de la Méditerranée, entre les promontoires, il y a de petites plaines très-fertiles (*huertas*) dont celle de Valence est la plus renommée.

Le bassin aragonais, d'une hauteur moyenne de 1,000 pieds, est entouré des deux côtés de pays montagneux s'élevant en terrasses, qui d'un côté passent dans la chaîne castillane, plate, mais ayant cependant une élévation de 4,000 pieds, et de l'autre côté montent en gradins rapides et escarpés jusqu'aux sommets des Pyrénées, d'une hauteur de· 11,000 pieds.

Du côté de la France, les Pyrénées s'abaissent en degrés moins saillants jusqu'au bas-pays de la Garonne, de manière que de ce côté, quoique en général plus escarpées, elles sont cependant plus aisées à franchir que du côté espagnol, où elles ne présentent guère que des parois perpendiculaires et des plateaux horizontaux. En outre, les Pyrénées présentent encore la particularité que leurs sommets dépassent peu la hauteur moyenne, proportionnellement à d'autres montagnes, que par conséquent les défilés font des incisions moins profondes et sont plus difficiles à franchir qu'ailleurs. Les deux routes principales qui conduisent de la France en Espagne tournent la crête principale le long des côtes.

LA FRANCE.

Ce pays forme la liaison entre les pays de montagnes de l'Europe centrale et la péninsule ibérique. Vis-à-vis de ces premiers et sans correspondre directement ni avec les Alpes ni avec les Pyrénées, s'élève le plateau de la Haute-France ; avec sa pente rapide du côté de la gorge par où la Saône et le Rhône se fraient un passage du bassin de Bourgogne à la Méditerranée ; des trois autres côtés, enlacé en éventail. il descend par une pente douce et peu rapide. Le noyau de ce haut-pays est formé d'une masse de granit, se dirigeant du sud au nord et nord-ouest, et divisée en trois bras principaux ; elle forme les vallées de l'Allier et de la Haute-Loire, et est connue sous les noms de Charolais, Forez et Auvergne. Quelques volcans éteints s'élèvent isolément sur le plateau et forment les points les plus élevés de ces montagnes. Une zône calcaire entoure cette masse de granit, et sous le nom de Cévennes fait face aux Alpes maritimes à l'est; elle se rattache par la Côte-d'Or à la zône calcaire qui, du côté de la France, longe les Vosges et les Ardennes.

En Bretagne, vis-à-vis de ce plateau en forme d'île, il s'en élève un second, mais moins élevé et plus plat, composé de grauwacke dans sa masse principale, et s'étendant jusques en Normandie et dans la Vendée; il est traversé par la Loire-Inférieure. Par l'effet de ces deux formes de terrain et des chaînes de montagnes qui s'étendent le long de la frontière française, il se forme quatre grandes régions de bassins, comblées de craie et de sédiments tertiaires, savoir : le vaste bassin de Seine-et-Loire, la France proprement dite, entouré vers la Manche d'une élévation de masses crétacées, que traverse la Seine avant de tomber dans la mer. Au sud-ouest ce bassin communique avec celui qui remplit l'espace entre les Pyrénées et l'Auvergne, et dans lequel la Garonne forme avec le canal du Midi une communication non interrompue entre la Méditerranée et le golfe de Gascogne. Une étroite lisière de bas-pays, longeant la Méditerranée aux pieds des montagnes Noires, joint ce bassin gascon à celui de la Provence ; ce dernier, de forme triangulaire, occupe les deux rives du Rhône inférieur entre les Alpes et les Cévennes. Le quatrième bassin, le bassin bourguignon, bordé par le Jura et la Côte-d'Or, est fermé près de Lyon par la porte de rochers qui donne passage à la Saône, amenant au Rhône les eaux du Jura à travers un pays plat, marécageux. Entre le versant occidental des Vosges et les parties plus élevées de la chaîne calcaire qui sépare la Meuse et la Moselle de la Marne et de la Seine, s'étend le pays de collines lorrain, dont les eaux dans la direction nord-ouest se fraient un passage au Rhin, à travers les montagnes schisteuses du Bas-Rhin.

Dans la plaine raboteuse de la Picardie, naissent l'Escaut et plusieurs autres petites rivières qui, avant leur sortie dans la mer, font de profondes incisions dans les hauteurs crétacées, et forment des ports excellents.

L'ITALIE.

La péninsule italique est presque entièrement couverte de montagnes, et il n'y a que quelques plaines côtières de peu d'étendue qui aient la forme du bas-pays. Le pays de montagnes des Apennins occupe une étendue de 2,800 milles carrés; de sorte qu'il ne reste guère que 100 milles carrés pour les bas-pays. Dans les Abruzzes, le mont Velin atteint une hauteur de 7,700 pieds, le Grand-Sasso 8,200 ; dans l'État de l'Église, le mont de la Sibylle s'élève à 7,000 pieds, et dans le pays de Modène, le mont Cimon en a 6,500. L'Etna, en Sicile, s'élève en pic au-dessus du pays de montagnes environnant à 10,500 pieds; le Vésuve, près de Naples, monte côniquement dans la plaine de la Campanie jusqu'à 3,700 pieds; tous les deux sont des volcans encore en activité, comme ceux des Iles Lipariques. La Sicile, la Sardaigne et la Corse sont couvertes de montagnes qui, dans la première île, ont une hauteur moyenne de 3 à 6,000 pieds. L'île d'Elbe n'est qu'une montagne très-large, dont le sommet le plus élevé dépasse la mer de 3,000 pieds, tandis que les escarpements descendent rapidement vers la mer.

La plaine lombardo-piémontaise est élevée de 3 à 400 pieds, et s'étend horizontalement entre les Alpes, qui sont très-escarpées dans ces parages, et les Apennins jusqu'à la mer Adriatique, où elle se change en pays marécageux, descendant au-dessous du niveau de la mer, et protégée par des digues contre les inondations, comme la Hollande. C'est dans cette plaine que s'élèvent isolées et à une hauteur de 1,700 pieds les cônes trachytiques des Euganées. Comme nous l'avons déjà fait observer, on ne trouve point, en Italie, d'autre plaine de quelque étendue, mais bien des vallées fertiles le long des rivières, comme par exemple celle de la Toscane, le long de l'Arno, et celle de Rome, sur le Tibre, entre lesquelles s'élève le plateau aride de la campagne de Rome. Dans l'Italie méridionale, les plaines deviennent de plus en plus insignifiantes ; des torrents prennent la place des rivières, et leur lit, profondément taillé dans le roc, est encore sans eau pendant une moitié de l'année. Ce n'est que dans la Pouille, la Campanie, et près de Tarente, qu'on trouve de petits huertas le long de la mer. Dans les Abruzzes et dans la Calabre, les Apennins présentent l'aspect le plus sauvage, le plus déchiré, et les pentes les plus escarpées.

L'ALLEMAGNE.

Le noyau de l'Allemagne est un triangle de montagnes, dont la base est formée par les Alpes, le côté droit par les monts de Bohême et de Thuringe, et le côté gauche par les montagnes du Haut et du Bas-Rhin.

L'intérieur de ce triangle est coupé obliquement par une chaîne de montagnes jurassiques, de manière que du côté sud-est se trouvent la Suisse et les plateaux de la Souabe supérieure, de la Bavière et du Haut-Palatinat ; et du côté nord-ouest la Souabe inférieure et la Franconie orientale. En dehors de ce triangle, au nord-est, et dans une configuration analogue à celle des montagnes de la Bohême et de la Thuringe, s'étendent les plaines wendes et bas-saxonnes ; entre ces plaines et les collines crétacées de la France, près de Calais, se trouve une suite de terrains d'alluvion et de transport, provenant de nombreuses rivières, qui, après avoir percé les remparts de montagnes de l'Allemagne centrale, viennent se jeter dans ce golfe profond. La zône calcaire française s'adosse au sud et au sud-ouest aux montagnes rhénanes ; elle est en communication avec le Jura par la basse-porte du Sundgau. Au sud des Alpes s'étend le bas-pays lombardo-piémontais. Les trois digues latérales qui élèvent l'Allemagne au-dessus des bas-pays et des pays plats dont elle est entourée, se composent elles-mêmes de plusieurs masses de montagnes parallèles, souvent jointes entre elles par des barres transversales, formant dans leur intérieur des bassins plus ou moins grands, dont les eaux (comme nous l'avons montré dans la partie générale) s'échappent par une foule de fissures ou vallées transversales, pour tomber dans les régions voisines. Exemples : les vallées alpestres de la Suisse et du Tyrol, sur le cours supérieur du Rhône, du Rhin, de l'Inn, etc. ; la vallée du Rhin, de Bâle jusqu'à Bingen, la Bohême et la Thuringe. Les montagnes schisteuses aplaties du Hundruck, du Taunus, de l'Eifel, des Ardennes, du Westerwald et du Sauerland (nommées en général les montagnes du Bas-Rhin), ne forment point dans leur intérieur des excavations largement échancrées, mais de larges plateaux, séparés entre eux par des vallées profondément entaillées (comme par exemple celle du Rhin, de la Moselle, de la Meuse, de la Lahn).

Les montagnes du Haut-Rhin (les Vosges, le Hardt et le Mont-Tonnerre, séparées de la Forêt-Noire, de l'Odenwald et du Spessart par la plaine diluviale de l'Allemannie et de la Franconie rhénanes), de même que les monts Pennins en Angleterre, appartiennent à la formation du grès, qui prédomine jusqu'aux sources du Mein, et jusqu'à la Porte Westphalique.

Entre les Alpes et le Jura, de Genève jusqu'à Linz, s'étendent des dépôts tertiaires qui, resserrés plus bas par le rapprochement des montagnes, reviennent, dans le bassin viennois et en Hongrie, occuper de vastes plaines; ça et là, comme dans le Rigi, elles forment des montagnes élevées. Les Alpes, tant celles qui s'étendent du sud au nord que celles qui se dirigent de l'ouest à l'est, sont une chaîne de montagnes primitives, bordées des deux côtés de chaînons calcaires qui les accompagnent jusque dans le bas-pays hongrois. Le granit prédomine partout dans la digue orientale de l'Allemagne; cette digue se compose, d'un côté, des Sudètes, du Riesengebirg, des monts de la Lusace et du Harz; de l'autre côté, des forêts de la Bohême, de la Franconie et de la Thuringe, et des plateaux de la Moravie et de l'Erzgebirg, situés entre ces deux directions. Le Fichtelgebirg marque un des points où les directions longitudinales et transversales de ces montagnes viennent se croiser.

Dans toutes ces régions la grauwacke, ce soulèvement le plus ancien du continent, a été séparée et détruite, dans toutes les directions, par les révolutions subséquentes. La formation crétacée, si prédominante dans les pays voisins, n'apparaît que très-peu développée dans la Haute-Allemagne; mais tout fait supposer que dans la Basse-Allemagne, jusque fort avant dans les pays baltiques, elle forme la base de ces dépôts sablonneux qui rendent ces régions si stériles. Le long de toute la côte de la mer du Nord, des plaines fertiles, les *marsch*, la richesse des Frisons et des Hollandais, déposées par l'action des flots et sous l'influence alternative du flux et du reflux, viennent se joindre aux plaines sablonneuses de la Westphalie et de la Basse-Saxe, tandis que de l'autre côté de la presqu'île Kymbrique, dans la Wagrie, nous voyons commencer la plateforme des lacs de la Baltique, qui s'étend jusque dans la Lithuanie. Entre ce plateau et l'avant-pays des monts de la Bohême et de la Thuringe, s'étend une excavation alvéiforme remplie de terrains tourbeux et marécageux; elle part de la Polésie et coupe transversalement la Pologne et le nord-est de l'Allemagne. Les marais le long de la Netze, de la Warthe et de l'Oder, le Havelland et le Droemling, marquent cette continuation de de plus en plus pointue des marais de Rokitno, qui atteint son terme au nord-ouest de l'Allemagne, dans les marais sur les frontières des *marsch* et des landes, ou de la Frise et de la Westphalie. Une zône élevée de bruyères, large et plate, au pied de laquelle se rangent à gauche le pays des *marsch*, et à droite le pays de lacs de la Baltique, avec de magnifiques forêts de hêtres, traverse la presqu'île Kymbrique (le Holstein, le Schleswig et le Jutland).

C'est ainsi que l'Allemagne, par la réunion de toutes les formations de terrain de l'Europe, présente un réseau de pays de l'aspect le plus varié. Cette circonstance est une des causes du développement intellectuel de ses habitants et de leur position particulière vis-à-vis des peuples voisins.

LA GRANDE-BRETAGNE.

Cette contrée que, pour désigner ethnologiquement le peuple et le pays, on pourrait nommer les Iles Brit-Angles, se compose, dans sa masse principale (tant en Angleterre qu'en Irlande) d'un pays de collines peu élevé, qui joint entre eux plusieurs pays de montagnes, s'élevant isolément, en s'adossant contre leurs pentes intérieures. Outre les groupes des îles Shetland, des Orcades et des Hébrides, récifs surgissant du fond de l'Océan, entre le plateau de la Bretagne qui, par des sédiments plus récents, est devenu partie intégrante du continent français, on peut distinguer dans la Grande-Bretagne et l'Irlande, sept îles de hautes montagnes, toutes situées dans la direction sud-ouest et nord-est de notre haute-digue atlantique, à savoir : Les groupes de montagnes de Cornouailles, de Galles, des Grampian, des Cheviot et du haut-pays écossais (les monts Calédoniens), et enfin en Irlande les masses de rochers des pointes sud-ouest et nord-est, unies par la plaine basse qui forme l'intérieur de l'Irlande. Cependant, encore ici, des soulèvements transversaux modifient fortement la simplicité primitive de cette direction de montagnes qu'on appelle la Direction de la grauwacke, parce que la masse principale est formée par cette roche ; en Bretagne et dans le Wales méridional, elle en a même reçu une direction nord-ouest, ce qu'on peut expliquer en disant que le soulèvement de la grauwacke étant le plus ancien, il a dû nécessairement subir l'influence de toutes les secousses et révolutions subséquentes. Dans la direction du sud au nord et analogue aux montagnes du Haut-Rhin, s'adosse à ces îles de montagnes la chaîne de grès pénéen, ceinte elle-même d'une chaîne jurassique, qui s'étend de l'embouchure de la Severn à celle de l'Humber ; des collines de craie et des formations plus récentes viennent s'y joindre au sud-est de la même manière que de l'autre côté du canal, dans le bassin de Seine-et-Loire. Dans l'espace entre le Jura et la craie, depuis le Wash jusqu'à l'embouchure de l'Humber, s'étendent de vastes plaines tourbeuses le long de la mer du Nord. Mais de l'autre côté, plus escarpé, de cette chaîne jurassique, s'allonge une plaine étroite qui tourne la pente méridionale de la direction pénéenne, et dans laquelle trois rivières vont dans trois directions différentes se rendre à la mer : le Trent, dans la direction de l'embouchure de l'Humber ; l'Avon, avec la Severn, vers le canal de Bristol ; et le Mersey, vers le golfe de Liverpool. La Tamise a sa source dans le même chaînon ; elle communique, par un canal construit dans une fissure transversale, avec la Severn, et se rend à la mer du Nord à travers les terrains tertiaires de Londres.

En Irlande aussi, la plupart des rivières prennent naissance dans la plaine centrale, y sont jointes par des canaux et en découlent dans différentes directions.

Mais la configuration du terrain n'est plus la même dans le haut-pays, dont les parois escarpées, surtout dans le canal entre l'Irlande et l'Ecosse, entourent presque entièrement la mer d'Irlande. De hautes masses de basalte se dressent dans les îles et sur les côtes, et forment la *Chaussée des Géants* et la grotte de Fingal.

Les montagnes de l'Ecosse, d'une hauteur d'environ 4,000 pieds, s'avancent dans la direction du sud-ouest au nord-est, couvertes de plaines tourbeuses, et, en s'abaissant peu à peu dans cette direction, les chaînons sont séparés entre eux par des fentes profondes descendant jusqu'au niveau de la mer, et dont le fond plat est couvert de prairies et de lacs (*lochs*). Ces derniers ont beaucoup facilité l'établissement de canaux qui portent même des frégates d'une mer à l'autre.

Nulle part, dans la Grande-Bretagne, on ne trouve d'une manière prononcée la formation de bassins formés. Le seul bassin qui soit exclusivement propre au pays est occupé par la mer d'Irlande. La plaine de l'Irlande est complètement ouverte à l'ouest et à l'est ; les autres contrées sont situées sur le talus des formations du terrain dont le centre est la mer du Nord ou la Manche : de manière que les habitants, excepté ceux de la plaine intérieure, mais peu importante sur les sources du Trent, sont tous habitants des côtes, circonstance qui, jointe aux riches mines de houille dans le sein de la formation de la grauwacke et aux ports profonds dans les crevasses des rochers escarpés ou dans les larges embouchures des rivières, rend la nation un peuple éminemment maritime.

LA SCANDINAVIE.

Ce grand pays de montagnes suit en général la direction du sud-ouest au nord-est ; il se compose pourtant de quatre directions essentiellement séparées, dont toujours deux sont parallèles entre elles, et qui, par leur croisement, constituent la forme de la péninsule. Les deux premières chaînes parallèles vont du sud au nord dans la direction des montagnes du Haut-Rhin et de l'Oural. La branche principale en est formée par le Hardangerfield, le Sognefield et le Langfield, qui commencent au cap Lindenaes dans la Norvège méridionale et vont s'adosser au Dovrefield ; la branche orientale est formée par la chaîne suédoise, qui commence au nord du lac Venern, coupe le Dovrefield et s'adosse dans le voisinage des îles Loffoden à la direction nord-est. Les deux autres directions vont du sud-ouest au nord-est, dans la direction des montagnes du Bas-Rhin et de l'Ecosse ; ce sont : 1° le Dovrefield, qui, dans les environs de Bergen, sort de la mer sous le nom de Sneebræn, coupe la première direction et trouve son terme à la direction suédoise, sur les frontières de Heriedalen et Iaemteland ; 2° et les monts Loffoden, parallèles au Dovrefield, commençant aux premières îles de cet archipel et finissant au cap Nord.

La contrée où les trois directions méridionales se rencontrent forme un plateau large de près de dix milles.

Cette digue gigantesque, qui se pose transversalement devant les bas-pays de l'Europe, est un rocher immense, se faisant jour, et, d'après M. L. de Buch, continuant toujours à se lever. Partout des roches s'élèvent à nu, surtout sur la côte occidentale vers l'Océan, tandis que vers l'Orient le terrain rocheux s'affaisse, passe dans le bas-plateau de granit suédois, et, crevassé partout et divisé en une foule de petites îles, va se dirigeant vers la Finlande.

La Laponie est une plaine large qui ne peut être considérée comme la suite des Alpes scandinaves, tout aussi peu que la pointe méridionale de la Suède, la plaine diluviale de la Sconie et du Gothland, avec leurs collines à pentes douces, et qu'il faut considérer comme une répétition des formes d'îles du Danemarck ; les grands lacs suédois et les vastes forêts marécageuses séparent ces plaines du reste de la Scandinavie, tandis que, par d'étroits canaux, elles sont en communication avec la Sée-lande et la Fionie.

Il n'y a que fort peu de vallées longitudinales en Scandinavie : la principale est celle d'Odderens-Elf ; toutes les autres sont des crevasses transversales dans lesquelles les eaux descendent des deux côtés du pla-teau marécageux vers l'Océan et la mer Baltique, formant ici des cascades pittoresques, tandis que sur la hauteur leurs eaux se réunissent en lacs marécageux.

LE DANEMARCK.

Les îles danoises, plates, comme la mer qui les entoure est peu profonde, mais fertiles, partagent le caractère des autres pays baltiques.

LES PAYS DU DANUBE INFÉRIEUR.

Les plaines de la Hongrie sont une mer de prairies verdoyantes à deux issues, l'une près de Gran et de Waitzen, et l'autre entre Belgrad et Widdin. La déviation du sol de la ligne horizontale est si faible, que le renflement entre le Danube et la Theiss ne s'élève pas à 100 pieds au-dessus de la hauteur moyenne du niveau du premier de ces deux fleuves. Ces steppes occupent une étendue de 1,800 lieues carrées, et ne s'élèvent pas à plus de 200 à 250 pieds au-dessus du niveau de la mer. Rien ne cache l'horizon dans ces plaines, et le voyageur peut faire mainte lieue sans trouver ni village ni maison. Tout ici donne un pressentiment des steppes de l'Asie, même le climat avec ses étés brûlants, ses hivers glacés, ses vents d'est secs, et jusqu'à l'homme (le Magyare, le Finno-Mongole).

Le Danube, fleuve principal de cette contrée, franchit les monts de la Leitha, qui continuent les petits Krapacks et se dirigent vers les avant-postes des Alpes de la Carniole; il reçoit la Raab, la Gran, et la Waag, parcourt la plaine de la Haute-Hongrie, jusqu'au coude près de Waitzen, où il se fraie un passage au travers du Bakonywald, suite de collines plates et peu élevées, et des monts de Néograd, sort dans la grande plaine, reçoit la Theiss, la Drave et la Save, force le passage rocheux près d'Orsowa, et se jette dans le dernier bassin, celui de la Bulgarie et de la Vallaquie. Cette dernière est une plaine accidentée de collines, renfermée entre les parois escarpées de la Transylvanie au nord, et le rempart de l'Hémus au sud. Dans la Dobrudscha, le Danube rencontre un dernier obstacle, un plateau calcaire, rempli de crevasses; ses eaux, arrêtées comme celles de l'Araxès, par la steppe de Mugon, s'amassent dans de vastes marais couverts de roseaux, et trouvent enfin, après un long détour, une issue dans la mer, en formant un vaste delta devant leur embouchure.

La région des monts Krapacks est entourée de bas-pays de tous côtés, au nord-est du grand bas-pays de l'Europe orientale, au sud de celui du Bas-Danube, au sud-est de ceux de la Hongrie et de l'Autriche, et à l'ouest elle est séparée des montagnes allemandes par les vallées de la Marche et de la Beczwa. Son étendue est de 3,500 milles carrés. Elle se compose :

1° Du haut-pays de la Transylvanie (étendue : 1,200 milles carrés);

2° Des forêts des Krapacks (longueur : 130 milles sur 10-15 de large);

3° Du Carpat ou Haut-Tatra, ou Krapacks du centre (longueur : 8 milles sur 2 et 3 de large; étendue : 20 milles carrés);

4° De l'Erzgebirg hongrois;

5° Des Beskides;

Et, 6° des petits Krapacks.

Dans une profondeur de 7-8,000 pieds, et à 150-170 pieds au-dessous du niveau de la mer Baltique, se trouvent, au pied septentrional des Krapacks, des gisements de blocs de sel gemme, formation qui se répète dans la Russie méridionale et au fleuve Ours.

Dans les Krapacks du centre il y a plusieurs plateaux : celui de l'Arve, de Liptau, de Neumarck, et de Zips, qui s'élèvent à une hauteur de 1,800-2,000 pieds. Les plus hauts sommets du Tatra montent jusqu'à 8,100 pieds; mais les cimes de la Transylvanie atteignent une hauteur de 10,000 pieds, et sont, surtout dans les chaînons de la Valaquie et de la Moldavie, âpres et impraticables, déchirés de gorges et sillonnés de rivières; mais du côté de la plaine hongroise, les avant-monts sont plus plats et plus habitables.

Les avant-monts des Alpes, qui descendent dans la plaine, le long de la frontière hongroise, se ramifient en chaînons plats jusque dans le milieu du pays; les montagnes serbo-dalmatiques finissent également dans des marais, sur la rive droite de la Save.

Les *monts illyriens*, s'élevant jusqu'à 6,000 pieds, viennent en chaînes parallèles, de la Macédoine et de la Thrace, et après avoir traversé la Servie et la Bosnie, ils vont longer la côte de la Dalmatie, où leur pente devient escarpée et où ils vont s'adosser aux Alpes. Les couches en sont diversement séparées par des fentes transversales où les fleuves s'échappent en zig-zag à travers les vallées longitudinales et transversales, comme nous l'avons vu dans le Jura helvétique. Le terrain de toute la pente, le long de la mer Adriatique, se compose de roches calcaires dans les crevasses et cavernes desquelles les rivières disparaissent pour reparaître dans d'autres endroits. Par là, la surface de beaucoup de contrées devient aride et pauvre d'eau, même inhabitable, phénomène qui se répète dans toutes les montagnes de cette formation.

L'*Hémus* ou le *Balkan,* qui diffère dans sa direction des montagnes dalmatiques, qu'il coupe transversalement, se termine en pic à la mer Noire. Il sépare le bas-pays vallaco-bulgarique des plaines thraco-macédoniennes. La crête en est composée de plateaux hauts et âpres, qui, dans la direction sud-est sont diversement brisés, et ouvrent un passage des pays du Danube aux côtes de la mer Égée. L'Orbelos, le nœud le plus élevé, où les masses principales des monts thraco-illyriens se croisent, est couvert de neige éternelle.

LA PÉNINSULE GRECQUE.

Cette presqu'île est entièrement couverte de montagnes qui occupent une étendue de 6,300 milles carrés, et s'élèvent dans l'Olympe à une hauteur de 6,000 pieds, et dans le Taygète à 7,400 pieds.

Les îles grecques sont toutes hautes et escarpées; l'Ida, dans l'île de Candie, est haut de 7,200 pieds; le mont Jupiter, dans l'île de Naxos, a 3,000 pieds; dans les îles de Poro, Cos, Milo, Égine, Negropont, Syrok, il y a des montagnes de 1,700-2,400 pieds de hauteur. Les autres îles montent à des hauteurs pareilles, et nulle part ici nous ne trouvons la formation des îles basses de la mer du Nord et de la Baltique.

La Morée est un pays de rochers, dont tous les côtés descendent rapidement vers la mer, et ne présentent que dans les baies quelques petites plaines d'alluvion à l'agriculture; dans son centre, les montagnes se joignent pour former le plateau de l'Arcadie. Au-delà du golfe de Lépante, les montagnes offrent un aspect encore plus sauvage. Les hauteurs grecques, comme celles d'Albanie et de Dalmatie, se dirigent en chaînes parallèles du sud-est au nord-ouest, de telle sorte que les lignes septentrionales, s'allongeant de plus en plus, viennent se joindre aux Alpes.

LES BAS-PAYS SARMATES.

La forme de ces vastes contrées est une répétition de celle qui se montre en Allemagne, dans un espace plus resserré et avec des contours plus nettement dessinés, c'est-à-dire de la forme triangulaire, dont la base est formée par la digue méridionale, suivant la même direction que les Alpes, par le *pays de steppes de la Petite-Russie;* le côté droit est formé par l'Oural, et en seconde ligne, par son contre-seuil le long des rivages occidentaux de la Kama et du Volga moyen; le côté gauche par le plateau des lacs de la Baltique et par les hauteurs du Valdaï. Cette dernière digue est elle-même le contre-seuil du plateau granitique suédo-finnois, et des Alpes scandinaves plus éloignées.

L'intérieur de ce triangle est encore occupé de plaines marécageuses et de files de collines peu hautes, desquelles sortent toutes les rivières sarmates, qui, après avoir longtemps erré incertaines et indécises, se fraient un passage à travers les boulevards qui bordent le pays et vont se jeter dans différentes mers. C'est ainsi que le plateau de la Baltique est sillonné par la Vistule, le Niemen et la Duna (et auparavant déjà par l'Oder et la Stecknitz), la steppe de la Russie méridionale par le Dnieper, le Donetz et le Don, les hauteurs de l'ancienne Bulgarie par le Volga. A l'extérieur des hauteurs qui bordent ce pays, il y a encore des contrées et des mers plus basses, les bas-pays des mers Caspienne et d'Azow au sud. Les Tundras de la Petchora et de la Dwina au nord, et la steppe de Samara, l'avant-pays de l'Oural à l'est; à l'ouest, au contraire, dans la Pologne, les deux digues se rapprochent dans un angle aigu qui ne laisse passer que la Netze et la Warthe se rendant dans l'Oder.

AVANT-PAYS DU HAUT-PONT ASIATICO-EUROPÉEN.

Depuis la mer Noire jusqu'à la mer du Nord, le long des Carpathes et des montagnes allemandes, s'étend une zône d'avant-monts plats, qui, dans leur configuration plastique, sont exactement conformes au système de montagnes dont ils font partie. Elle a de même des sillons longitudinaux du sud-est nord-est et des fentes transversales du sud-ouest-nord-est. Par les premières se rendent à la mer Noire, le Don, le Dnieper et le Dniester; à la mer du Nord, le Wéser, l'Elbe, l'Oder et la Vistule. Ces deux séries de rivières modifient leur direction en suivant les fentes transversales, dont les premières se brisent dans la direction sud-ouest, les autres dans celle nord-est. Ces fentes transversales sont les suites d'un contre-soulèvement, qui, analogue aux Alpes, va de l'ouest à l'est jusqu'au Volga, et entoure au midi la Russie centrale d'un large rempart uni. Cette digue méridionale du bas-pays sarmate manque de hautes montagnes, comme aussi la digue septentrionale; mais elle n'a aucune trace de la formation de lacs qui distingue celle du nord. Son plateau est couvert de steppes venant de l'Asie; de vastes plaines couvertes d'herbe s'étendent dans l'intérieur du pays, en suivant les fleuves du Pont-Euxin, le Don et ses affluents (le pays de steppes du Don); le Dnieper moyen (l'Ukraine); le Boug (le plateau de steppes de la Podolie), le Dniester inférieur et le Pruth (les savannes de la Moldavie et de la Bessarabie); les confluents supérieurs du côté droit du Dnieper (les plaines herbeuses de la Volhynie), le Dniester supérieur et le Weichselberg (le plateau de la Gallicie orientale de 960 pieds de haut). Au-delà du coude de la Vistule, abaissée jusqu'à la plaine marécageuse, cette direction prend la forme de montagnes dans la Pologne supérieure, et va, s'aplatissant de plus en plus, coupée en beaucoup d'endroits, jusque dans le bas-pays de la Vieille-Saxe, sous le nom de Lande de Lunebourg. Sur une ligne droite de 90 milles allemands, on a suivi dans cet avant-pays l'existence d'un plateau de granit, tantôt massif, tantôt en débris, et dont on aperçoit les sommets, tantôt en-deçà, tantôt au-delà de Kremenczug. Le Dnieper en descend en douze cataractes.

Des dépôts de formation plus récente couvrent cette plaine et forment dans la Volhynie le plateau d'Awratyn, aux sources du Strucz, à une hauteur de 7 à 800 pieds. Un humus noir, couvert d'herbe, forme la richesse des plaines de ce pays, dénuées d'arbres.

BAS-PAYS DE LA GRANDE-RUSSIE.

Le bas-pays central de la Sarmatie est séparé en deux pays par les vastes marais du Pripet : la *Grande-Russie* et la *Pologne*. La Grande-Russie est une grande plaine, interrompue de peu de collines seulement, et depuis les hauteurs du Valdaï s'aplatissant peu à peu vers l'est. Le Volga avec l'Oka rassemblent leurs eaux en face du seuil de la vieille Bulgarie, qu'ils percent, se dirigeant vers le sud, grossis des eaux de la Kama, et sortent dans le bas-pays caspien, après avoir franchi l'Obschtschei-Sirte.

Les fleuves russes ont cela de particulier qu'ils sont ordinairement accompagnés d'un côté d'une rive de montagnes (Gornaïa), et de l'autre d'une rive de prairies (Lugowaïa), qu'ils ont beaucoup d'eau et sont facilement navigables, puisqu'ils ne passent qu'à travers des terrains de diluvion, qu'ils n'ont qu'une faible pente, et que les immenses forêts favorisent la production de l'eau.

LA POLOGNE.

Aux monts de Sandomir, l'avant-pays du haut-pont asiatico-européen transporte sa pente du sud-est au nord-ouest; car c'est à commencer d'ici que les eaux se dirigent vers les mers septentrionales et en suivant exactement le prolongement des lignes dans lesquelles les fleuves ruthéniques se rendent à la mer Noire. Ces crevasses transversales du pays plat correspondent aux fentes transversales qui divisent en plusieurs sections le système principal. La hauteur de ces plateaux de diluvion, qui vont en chaînes parallèles jusqu'à la côte de la Frise, et qui sont presque toujours couverts de sable et de bruyère, est de 1,000 pieds dans les monts Trebnitz, à l'est de Breslau; ces montagnes forment ici la frontière entre la Silésie et la Pologne; dans la Lusace, elles s'aplatissent sous le nom de Flaemming, et dans la Basse-Saxe sous celui de Lande de Lunebourg. L'escarpement de cette direction est presque toujours vers le nord-est; les chaînes parallèles dans la Pologne et la Marche, se perdent du côté du nord-est au Bug, à la Narew, au Bober et à la Vistule moyenne, dans des bas-fonds marécageux sans digues, dans des plaines tourbeuses, qui occupent une étendue de beaucoup de milles carrés et servent de pâturages. Ils sont la continuation des marais de Rokitno et se prolongent, se rétrécissant de plus en plus, jusqu'au-delà de l'Elbe dans le nord de l'Allemagne.

Aux sources de la Narew et sur les frontières de la Lithuanie, se trouve un des débris les plus importants et les plus remarquables de forêt vierge, c'est celle de Bialowicza, sur une étendue d'environ

30 milles carrés, et avec des pins, des sapins et des chênes qui montent jusqu'à 130 pieds. Jamais la cognée du bûcheron n'a pénétré dans l'intérieur de ce désert boisé, dont un district s'appelle Niczéanow, c'est-à-dire contrée inconnue, puisque la foule des troncs tombés pêle-mêle les uns sur les autres la rendent entièrement impraticable. Les buffles, les élans, les ours, les lynx, les loups et les taureaux sauvages y vivent encore en pleine liberté. — Plus à l'est, dans la Polésie, sur les rives du Pripet, nous trouvons les marais de Rokitno, qui ne permettent le passage qu'en hiver quand ils sont gelés; c'est la frontière naturelle la plus importante et la plus impénétrable de la Lithuanie, de la Pologne et de la Russie méridionale et septentrionale.

LE PLATEAU DE LACS DE LA BALTIQUE.

C'est une hauteur boisée, couverte de petits lacs profonds et qui entoure les rivages de la Baltique. Dans la Livonie elle a une hauteur de 1,000 pieds; et près d'Osmanna, au sud-est de Vilna en Lithuanie, elle s'élève à la même élévation à laquelle la hauteur prussienne n'atteint pas entièrement. Les rivages de la mer près de Brusterort à l'ouest de la Nehrung de Courlande n'ont qu'une hauteur de 180 pieds. La Vistule perce ce seuil et le sépare du seuil poméranien. A son embouchure se trouvent les petites îles (*Werder*) connues par leur fertilité, et qui ont été arrachées aux eaux par des colons allemands qui, en 1288, ont commencé à les entourer de digues.

La pente de la Poméranie postérieure et de la Pomérélie est rapide et escarpée du côté du bas-fond de la Vistule; le Thurmberg, non loin de Dantzick, tout près du bord, a une hauteur de près de 1,000 pieds, de sorte que ce plateau forme la contrée la plus haute entre le Hartz et l'Oural, un peu plus haut que le Valdaï, aussi haut que le pays permique dans la vieille Bulgarie, sur la Kama. Le plateau poméranien, quoique terrain diluvial, a, dans sa partie orientale, le caractère de montagnes remplies de vallées gorgeuses et d'eaux bruyantes; mais, vers l'embouchure de l'Oder, il s'abaisse insensiblement pour se relever de l'autre côté du fleuve en pays de collines romantiques, d'une hauteur moyenne de 500 pieds; un terrain fertile et des lacs ombragés de hêtres s'étendent jusque dans le Uckermark et la Wagrie, où ils vont joindre les collines de bruyères du Jutland.

L'Oder aussi et la Stecknitz percent ce rempart en sillons profondément entaillés. Immédiatement le long du bord méridional de ce plateau s'étend l'excavation du bas-pays polonico-wende.

DIGUE SEPTENTRIONALE DE LA RUSSIE.

Les plateaux du Valdaï, quoique la ligne principale du partage des eaux du bas-pays oriental, ont à peine 1,000 pieds d'élévation. Les vallées en sont marécageuses et remplies de lacs qui, pour partie, sont à sec en été; les hauteurs en sont doucement inclinées et ondulées.

En général les lignes de séparation des eaux sont de peu d'élévation en Russie, ce sont des langues de terre (*woloks*), qu'il était facile de canaliser à peu de frais, d'autant plus que les rivières sont presque toutes navigables dès leur origine, par le peu de chutes qu'elles ont. Le wolok le plus remarquable est celui de Saratow, qui sépare le Volga et le Don ; il n'a que 9 milles de largeur et 45 pieds d'élévation au-dessus du Don, de façon que ce dernier pourrait facilement être dirigé par le Volga dans la mer Caspienne. A partir du Valdaï, mais sans y tenir directement, des hauteurs plates et basses se dirigent vers l'Oural, où elles rencontrent, dans le pays des Wodjaïks et des Permes, le contre-seuil ouralien, et forment l'île de montagnes permiques haute de 1,000 pieds. Cette digue septentrionale sépare la Russie intérieure, proprement dite, du pays de marais Sawolotschje, d'où sort la Dwina, et se rend à travers un seuil plat, aux tundras de la mer Glaciale.

DIGUE ORIENTALE DE LA RUSSIE CENTRALE.

Cette digue se dirige de l'île de montagnes permique, à travers la Bulgarie, vers le sud, se trouve coupée par le Volga et se rend en *Gornaia* jusqu'aux sources du Manitsch dans le bas-pays Calmouc. Vers le sud-ouest elle passe en pente douce dans les pays de steppes du Don, et de là dans la digue méridionale. Ce n'est qu'au coude de Samara que ce contre-seuil de l'Oural a le caractère de montagnes.

L'Oural se compose de trois parties essentiellement distinctes : 1° de l'Oural du sud ou Baskir, qui se dirige en trois lignes du sud au nord, la plus occidentale de ces lignes s'élève rapidement dans le bas-pays, et la plus orientale descend en pente douce vers la Sibérie. Les affluents du Iaïk (Oural), qui se jette dans la mer Caspienne, et ceux de la Kama qui se réunit au Volga près de Casan, et qui en est séparée par le pays de steppes de Samara, sortent des grandes vallées longitudinales qui se trouvent entre les différentes séries de ces monts ;

2° De l'Oural moyen, qui est une plaine large traversée par une route commode qui conduit en Sibérie ;

3° De l'Oural du nord, grande chaîne élevée et très-étroite, remplie de gorges profondes et de parois escarpées ; il est habité par les Wogules, mais très-faiblement.

Une vaste steppe s'étend entre l'Oural et le Volga, c'est la plaine de Samara, qui, dans la proximité du dernier de ces fleuves, passe dans des prairies et des marais, et plus au nord dans des terres arables et boisées.

LE BAS-PAYS DE SIBÉRIE

Est un triste désert dont le terrain, dans les parties septentrionales, est gelé pendant la majeure partie de l'année, ou au moins ne dégèle qu'à une profondeur de peu de pouces de la superficie. Toutefois ces parages sont couverts de mousse, maigre nourriture des rennes des Samoïèdes. Ces plaines de glace dépassent à peine la mer polaire voisine et ne sont interrompues d'aucune élévation. Plus à l'est, elles se changent en steppes, dont celles d'Ichim et des Barabinzes sont les plus connues ; vers l'Oural et l'Altaï, elles deviennent pays de collines ondulé et boisé.

Ce pays, passant entre l'Oural et la mer Caspienne, se dirige vers l'ouest, le long du pied septentrional du Caucasse, entre les monts Iaïla dans la Crimée et le plateau des steppes ruthéniques jusque vers l'embouchure du Danube, où il aboutit au golfe du bas-pays valaque.

Le *bas-pays caspien* occupe une étendue de plus de 10,000 milles carrés et est situé à près de 100 pieds plus bas que le niveau de la mer Noire. La mer Caspienne et le lac Aral en remplissent les endroits les plus bas. Probablement, elles ont été un jour en communication avec la mer Glaciale par l'entremise du bas-pays sibérien, de même qu'avec la mer Noire par le lit du Manitsch. Le pays, tout à l'entour de la partie septentrionale de la mer Caspienne, était jadis couvert par les flots de la mer ; il consiste en sable lié par un peu d'argile, sans aucun gazon, et couvert de coquillages marins et de lacs salés ; ce bas-pays tient, au nord, à la steppe du Don, dont le bord escarpé, le Obstschei-Sirte, formait autrefois le rivage de la mer.

ASIE ANTÉRIEURE.

Le haut-pays occidental de l'Asie est le commencement du pont qui conduit de l'Himalaiah jusque dans le cœur de l'Europe, énorme système de montagnes enchaînées les unes aux autres, tantôt supportant entre elles de vastes plateaux, tantôt se précipitant au fond de la mer en pente rapide et escarpée, pour remonter de l'autre côté jusqu'à la région des neiges.

Ce pont est entouré de tous côtés d'eau et de bas-pays ; au sud-est ce sont les marais de l'Indus ; à l'ouest, c'est le golfe Persique, ce sont les savannes de la Mésopotamie et la Méditerranée ; au nord-est, c'est le grand bas-fond asiatico-européen, commençant au Touran et s'étendant, à travers la mer Caspienne et les marais de Rokitno, jusqu'à l'embouchure de l'Elbe. Le Hindukuh ou Hindukutch unit ce plateau à la partie sud-ouest de celui de l'Asie postérieure, et, par le plateau de la Syrie, il communique avec la presqu'île de l'Arabie. En Allemagne, il touche, à l'ouest, aux Alpes et aux montagnes du Haut et Bas-Rhin, et le Harz le clôt dans la plaine de l'Allemagne septentrionale.

Cette fraction de la terre, la plus importante pour l'Europe, tant sous le rapport géologique que sous le rapport historique, se divise en plusieurs parties, qui sont le haut-pays de l'Iran, le pays alpestre du Caucase, le haut-pays de l'Asie-Mineure, les pays des bassins de la mer Noire et de la mer Grecque, les bas-pays de la Valaquie et de la Hongrie avec leurs digues, le bassin de la Bohême et enfin le bassin de la Thuringe.

L'*Asie-Mineure,* ou le *haut-pays de l'Anatolie,* est couverte de chaînons de montagnes qui entourent tout le pays et vont se joindre au nœud arménien. La plus connue de ces lignes est le Taurus, qui s'élève sur la pointe sud-ouest de la presqu'île et s'étend en plusieurs embranchements jusqu'aux montagnes kurdes. La pente méridionale est escarpée et brisée en divers endroits, par exemple, aux défilés renommés de la Cilicie. D'autres montagnes bordent le plateau sur le côté occidental, et le séparent des vallées agréables qui s'abaissent vers la mer Égée, et que, dans un sens restreint, on a coutume d'appeler le Levant.

Le haut-pays de l'Asie-Mineure est couvert de déserts et de steppes, dans lesquels les Turcomans mènent encore la vie nomade; les contrées cultivées sont situées isolées dans les bas-fonds et le long des grandes rivières.

L'IRAN.

Au-delà du pays des montagnes arméniennes, la forme de plaine se répète dans le haut-pays de l'Iran. Ce pays aussi est entouré de hautes montagnes au nord et au sud: là ce sont l'Elborus et le Paropamisus, ici c'est le Zagrus. De même que l'Arménie est entourée à l'ouest de l'Olympe de l'Asie-Mineure, de même les monts Salomon entourent l'Iran à l'est sur la frontière de l'Inde. Le plateau central est un pays de collines et de steppes le long des pentes, mais dans l'intérieur c'est un désert aride et sablonneux, imprégné de sel, où les rivières voient tarir le peu d'eau qu'elles roulaient. On y connaît peu la pluie ou la rosée; un ciel toujours serein, toujours sans nuages, se voûte sur le sol brûlé par le soleil.

Des pays alpestres de formes variées, avec des fleuves rapides, des glaciers et des sommets couverts de neiges éternelles s'élèvent entre ces deux pays plats, ce sont:

1° Le Caucase, qui se montre comme une continuation des montagnes du bord septentrional de l'Iran; membre isolé de la chaîne asiatico-européenne, il s'élève rapidement du fond de la crevasse transversale que la mer Caspienne remplit à son extrémité méridionale, suit une direction parallèle au haut-pays arménien, auquel il est joint par la barre moschique, sépare la mer Noire du bas-pays azovien, finit près d'Anapa et s'élève encore une fois à une hauteur de 4,700 pieds, dans la Iaïla (Dschadyr Dag), dans la Crimée.

Il a une longueur de 90 à 100 milles sur une largeur de 30 à 50. Les plus hautes cimes en sont: l'Elbrus, de 15,000 à 16,000 pieds, avec les sources du Kouban et du Phasis, et le Kasbeck de 14,000 pieds, dans la région des sources du Tereck. Le Caucase, comme les Alpes et les Pyrénées, se compose de trois lignes de montagnes, qui suivent la direction principale du sud-est au nord-ouest. La ligne moyenne est formée de roches trachytiques, qui s'élèvent à une grande hauteur, tandis que les différents sommets en sont séparés par des fentes profondes. Au devant se trouvent des montagnes de transition, des chaînes calcaires et des pays marécageux, dans lesquels se jettent les nombreux torrents qui descendent les eaux des glaciers, des plateaux et des hautes vallées à travers les fentes transversales. Ces dernières, qui fractionnent les montagues en bras nombreux, sont si profondes et si étroites, que, au lieu de faciliter la communication, elles la rendent au contraire presque impossible. De cette manière, le Caucase se divise en une foule de petits plateaux qui, disposés en gradins les uns sur les autres, sont séparés des plateaux voisins de même hauteur par des gorges profondes, de telle sorte que chaque section forme une contrée à part, chaque tribu un État indépendant, et que les attaques du dehors trouvent déjà dans la nature des obstacles presque insurmontables.

2° Le pays alpestre Kurdo-arménien, formé par les chaînes de montagnes du bord septentrional et méridional de l'Iran et de l'Asie-Mineure qui viennent s'entrelacer ici. Le plateau d'Erzeroum, à l'ouest du lac Wan, est élevé de 7,000 pieds; l'Ararat, au centre du haut-pays, a 16,254 pieds de haut. Moïse fait arrêter l'arche de Noé près de ce mont, au pied duquel il place le paradis, non loin des sources du Tigre et de l'Euphrate. Dans ces derniers temps, la cime de l'Ararat doit s'être écroulée.

Au sud de l'Arménie se trouve le pays des montagnes kurdes, couvert de sommets élevés et de gorges profondes; le Tigre y prend naissance. Dans les environs de Mossoul, il sort du pays de montagnes pour entrer dans la plaine de la Mésopotamie, et, suivant une direction parallèle à l'Euphrate, il traverse avec lui de vastes savanes et de grands marais, et va se jeter dans le golfe Persique. L'Euphrate se fraie un passage à travers le Taurus qui, sur la frontière de la Syrie, s'oppose à son cours, et longe ensuite le bord oriental du plateau des déserts de la Syrie.

La Syrie se compose de deux formations essentiellement distinctes : le pays des montagnes du Liban et de la Palestine (avec l'Antiliban qui s'élève du côté opposé), et le plateau de la Syrie, qui est une continuation des déserts de l'Arabie.

Une fente profonde se dirige, entre le Liban et l'Antiliban, depuis la pente du Taurus jusque vers la mer Rouge. C'est dans cette fente que l'Orontès suit la direction septentrionale, et le Jourdain la direction méridionale. Le premier, s'ouvrant une fente transversale, se jette dans la Méditerranée; le second se perd dans la mer Morte. Entre cette dernière et la mer Rouge, la fente est sans eau. Le Liban, qui atteint sa plus grande hauteur dans le pays des Druses et des Maronites, s'aplatit dans la Palestine, et forme un pays de collines rocheuses, très-pauvre d'eau; l'Antiliban descend peu à peu vers le désert, où se trouvent quelques oasis arrosées et fertiles, comme celle sur laquelle est situé Damas. Du milieu du désert s'élève encore la hauteur de l'Haouran.

AFRIQUE SEPTENTRIONALE.

Depuis l'océan Atlantique jusqu'au Nil, et, avec interruption, jusqu'à l'Indus, depuis la Méditerranée jusqu'au pied des monts Semcho dans le Habesch, s'étendent à plus de 100,000 milles carrés, les plaines de la Lybie, quoique changeant souvent de nom. On y trouve des oasis, comme des îles dans une mer de sable : ce sont des étendues de terre ı enfoncées, avec une fertilité qui ne peut être satisfaisante qu'en comparaison du désert aride qui les environne. Selon toute apparence la partie occidentale ou le Sahara, de même que le désert de Gobi, était autrefois un mer méditerranée, qui, lavant au nord le pied de l'Atlas, au sud celui des chaînes du Soudan, était plus grande que notre Méditerranée européenne. La partie orientale de ce désert est formée du plateau des déserts de la Lybie : c'est une plaine de rochers nus, avec des couches calcaires horizontales, comme elles se sont déposées lors de la formation primitive de la croûte terrestre, sans un grain de sable, sans aucun sillon dans ce pavé de roc ; rien que par-ci par-là quelques bancs nus et bas de roche calcaire allant du nord au sud. Les débris de roche chassés par les vents qui régnent toujours sur ce plateau, dans la direction de l'est à l'ouest, ont peu à peu comblé toutes les rivières de l'Afrique occidentale qui autrefois se jetaient dans la mer ; le même destin paraît même réservé au Sénégal. Le long de la mer Atlantique, le courant qui se brise contre la côte entasse le sable en dunes. Le mouvement progressif du sable de l'est en ouest se manifeste dans toute la zône des déserts de l'Asie orientale, du Touran et de l'Iran. C'est ainsi que sur le plateau de l'Iran, la charmante campagne du Sedjestan est entièrement engloutie sous le sable mouvant ; Samarcand et Buchara ne se sauvent qu'avec peine contre l'envahissement ; les embouchures de tous les fleuves du Touran en sont comblées ou forcées de quitter leur ancien lit, notamment le Jaxartès et l'Oxus, lequel, à ce qu'il paraît, a été détourné par là de la mer Caspienne et dirigé vers la mer d'Aral. Le sable repose sur un terrain calcaire et argileux d'une grande dureté.

L'ÉGYPTE.

Le Nil, tombant en cataractes des barres transversales près de Siène, sort de la Nubie dans la longue vallée uniforme de l'Egypte ; il est accompagné à l'est et à l'ouest de deux séries de hauteurs de formation analogue, d'une élévation de quelques cents pieds seulement, et s'abaissant plus ou moins rapidement ; elles forment sur leur crête un plateau aride et dénué de toute végétation ; à l'ouest se trouve la plaine de la chaîne lybique, dont la pente occidentale, de peu d'inclinaison, conduit immédiatement au Sahara, la mer de sable de l'Afrique ; à l'est, la chaîne arabique qui sépare la vallée du Nil de la mer Rouge, qui y est parallèle, et du Gor, qui est la continuation de cette dernière, et qui formait autrefois la vallée du Jourdain ; plusieurs profondes fentes transversales, qu'on reconnaît bien évidemment pour d'anciens lits de rivière, la coupent, et y établissent des communications. La vallée du Nil n'a qu'une largeur moyenne de deux lieues ; le Nil coule davantage sur le côté droit, celui plus escarpé de l'Arabie. Près du Caire, sur la frontière de la Basse-Egypte, les bords des montagnes s'écartent rapidement ; la dernière saillie du plateau lybien porte les pyramides de Gizeh, et la chaîne arabe cède la place au sable mouvant du désert de Suez. C'est ici que commence le Delta du Nil, atterrissement fertile qui d'abord couvrit toute

la fente de la Moyenne-Egypte, rehaussa ensuite le sol de la mer jusqu'au-dessus de la surface, et contenu par des digues depuis Sésostris,
devint ainsi le grenier d'abondance de l'Orient. Un lit abandonné s'étend
le long du plateau lybien dans le voisinage des lacs de soude.

La Berberie, ou le haut-pays de l'Atlas, comme le haut-pays ibérique
qui lui est opposé, se compose de trois plateaux disposés en gradins,
séparés de l'ouest à l'est par des monts mitoyens, et dont la dernière ligne,
le grand Atlas, s'abaisse en gradins vers le Sahara et le plateau calcaire
de la Lybie. Comme en Espagne, ces lignes, à leurs extrémités occiden-
tales, sont adossées à une ligne transversale, le haut Atlas du Maroc. Ce
dernier se dirige du sud-ouest au nord-est et est le premier et le plus
haut membre de ces séries de montagnes, si souvent entrecoupées, qui,
jusqu'au cap Nord, s'élèvent en digue de rochers pour protéger l'Afrique
septentrionale et l'Europe contre les flots orageux de l'océan Atlantique.

NOTE DU TRADUCTEUR.

Par les travaux des savants allemands, la science géographique a pris
un essor qui, dans les pays hors de l'Allemagne, n'est pas encore suffi-
samment connu ni dignement apprécié. Cet essor a nécessité la création
d'une foule de termes nouveaux qui manquent de correspondants dans
les autres langues et qui ont offert la plus grande difficulté dans la tra-
duction du présent opuscule. Pour ne pas assumer sur lui tout seul la
responsabilité des expressions souvent très-hasardées dont il s'est servi,
le traducteur prévient le lecteur qu'il s'est guidé entièrement sur les
ouvrages de M. de Rougemont, qui le premier a tâché de rendre en français la richesse de la terminologie allemande.

Imprimerie de Wittersheim, rue Montmorency, 8.

BIBLIOTHEQUE ROYALE

www.ingramcontent.com/pod-product-compliance
Lightning Source LLC
LaVergne TN
LVHW010436060726
842526LV00005B/1837